Fabian Vogt

WENN DU GESCHWIEGEN HÄTTEST, PETRUS

Bibliografische Information der Deutschen Nationalbibliothek.
Die Deutsche Nationalbibliothek verzeichnet diese Publikation
in der Deutschen Nationalbibliografie; detaillierte bibliografische
Daten sind im Internet über http://dnb.d-nb.de abrufbar.

Lektorat Elke Rutzenhöfer

Schlussredaktion Constanze Grimm

Umschlagillustration Oliver Weiss

Gestaltung Kristin Kamprad, Remo Weiss,
Hansisches Druck- und Verlagshaus GmbH

Druck und Bindung BELTZ Bad Langensalza GmbH

ISBN 978-3-86921-260-9

FABIAN VOGT

WENN DU GESCHWIEGEN HÄTTEST, PETRUS

Überarbeitete Reden überarbeiteter Männer

edition chrismon

DAS BUCH

Die zehn Reden in diesem Buch wurden nicht überliefert, weil sie nie gehalten wurden. Dabei hätten ihre berühmten Urheber allen Grund dazu gehabt. Also: die Dinge klarzustellen. Kurz zu erläutern, wie es kam, dass sie in den entscheidenden Momenten versagten – meist, weil sie vor lauter Überarbeitung mal wieder den Mund nicht halten konnten. Weil sie einfach drauflosgeplappert haben. Unüberlegt und überdreht. Inzwischen haben die Männer aber nachgedacht und sich alles noch einmal durch den Kopf gehen lassen. Humorvoll und mit viel Biss lässt der freche Autor seine Helden von ihren verwegenen Abenteuern erzählen.

DER AUTOR

Fabian Vogt, geboren 1967 in Frankfurt, ist freier Schriftsteller und Künstler, wenn er nicht gerade als promovierter Teilzeit-Pfarrer seine Leidenschaft für Geschichten auf der Kanzel oder auf der Kabarettbühne auslebt („Duo Camillo"). Für sein Roman-Debüt „Zurück" wurde er mit dem „Deutschen Science Fiction Preis" ausgezeichnet, zudem hat er mehrere Kleinkunst-Auszeichnungen erhalten. Fabian Vogt lebt mit seiner Familie im Vordertaunus.

Si tacuisses,
philosophus mansisses.

„Wenn du geschwiegen hättest,
wärst du ein Philosoph geblieben."

Anicius Boëthius
(Römischer Gelehrter,
Schriftsteller und Theologe,
~ 480–525 n. Chr.)

INHALT

DIESSEITS VON
EDEN Adam ein letztes Mal
vor den Pforten
des Paradieses

Hey du!

Äh, ganz ruhig. Ich will keinen Ärger. Steck das Ding weg. Bitte! Mann, du kannst einen mit deinem Flammenschwert ja richtig erschrecken. „Lanzenblitz" heißt das, oder? Heißes Teil!

Wie du siehst, bin ich unbewaffnet. Ich will nur reden. Wirklich. Einfach nur reden. Mit dir. Ist ja sonst keiner da. Außer Eva. Womit wir schon bei meinem Problem wären.

Sag mal, du bist doch ein Cherub. Also ein Vermittler zwischen den Welten. Zwischen Gott und Mensch. Zwischen Gott und mir. Meinst du, du könntest ein gutes Wort für mich einlegen? Bei ihm. Beim Herrn des Universums. Nachdem unser letztes Zusammentreffen eine solche Katastrophe war.

Na ja, rausgeschmissen hat er uns. Eiskalt. Aus dem Paradies. Und nicht nur das. Verflucht hat er mich, Cherub. Hat als Schöpfer mich, sein Geschöpf, verflucht. Und wie!

„Mit Mühsal sollst du dich ernähren. Der Boden ist verdammt um deinetwillen. Dornen und Disteln soll er tragen. Im Schweiße deines Angesichts sollst du dein Brot essen." Ich finde, das geht zu weit. Und zwar deutlich.

Doch glaube mir, ich würde diese Strafe auf mich nehmen. Klaglos. Mit aller Geduld. Obwohl sie hart ist. Und ungerecht. Aber was ich nicht mehr ertrage, ist … sie. Meine Frau. „Es ist nicht gut, dass der Mensch allein sei." Hat Gott gesagt. Da irrt er sich aber gewaltig. Oder er kennt Eva nicht.

Frieden kann wunderschön sein. Glaube ich.

Wobei ich gestehe: Anfangs hat sie mich beglückt. Sehr sogar. Was habe ich gejubelt, als sie auf einmal vor mir stand. „Bein von meinem Bein. Fleisch von meinem Fleisch", habe ich gerufen. Ein herrlicher Anblick war sie. So vertraut – und doch so anders. Ich wollte ihr auch gleich einen Namen geben. „Männin", habe ich sie genannt, weil sie von mir, vom Mann gekommen war. Aus meiner Rippe geformt. Auf geheimnisvolle Weise.

Weißt du, das mit dem Namengeben hatte ich ja vorher schon geübt. Schließlich sollte ich in Gottes Auftrag allen Tieren zu angemessenen Namen verhelfen. Und ich behaupte mal, ich habe das nicht schlecht gemacht. Wirklich. Manche meiner Kreationen zergehen einem noch heute wie Honig auf der Zunge: Nebelparder. Schleiereule. Borkenkäfer. Heidschnucke. Oder: Hängebauchschwein.

Doch unter all diesen Lebewesen, die ich damals – als ich noch allein war – mit einem Namen versehen habe, war keines gewesen, das mir entsprach. So überhaupt nicht. Ich brauchte ein passendes Gegenstück zu mir. Dachte Gott. Und ich auch. Allerdings wusste ich noch nicht, worauf ich mich einlasse. Ich wusste ja noch nichts von … Gut und Böse.

Klar, ich war natürlich davon ausgegangen, dass die Frau – so wie ich – ein Ebenbild Gottes sein würde. Das hatte der Herr schließlich geplant: „Lasst uns Menschen machen, ein

Bild, das uns gleich sei." So, wie er sich ein persönliches Gegenüber schaffen wollte, sollte auch ich ein Gegenüber bekommen. Aber irgendwas muss da schiefgegangen sein. Von wegen „Gegenüber". „Gegeneinander" wäre wohl treffender.

O Cherub, sie ist so kompliziert. So unfassbar kompliziert. Vor allem seit wir ein Kind erwarten. Ja, sie ist schwanger. Habe ich das noch nicht erwähnt? Ein neuer Mensch wächst in ihr heran. Großartig, oder? Na ja, es könnte großartig sein. Könnte!

Denn sie ist auf einmal so anders geworden, so zänkisch, so überzogen, so unleidlich. Nichts kann ich ihr recht machen. Nichts. An allem hat sie was auszusetzen. Widerlich! Ja, ihr Gemüt scheint vollständig in den Bauch gewandert zu sein. Auf einmal dreht sich alles nur noch um dieses Kind. Schon deshalb kann sie kein Ebenbild Gottes sein, denn Gott war ja nie schwanger.

Vor allem aber…du glaubst es nicht…sündigt sie fortwährend. Ja. Sie sündigt. Und wie! Es ist eine Schande! Gott hat der Männin, meiner Männin doch beim…beim…Abschied – hier an der Pforte des Paradieses – ebenfalls eine Strafe auferlegt. Ich höre seine Worte noch ganz genau: „Du, Weib, pass auf, der Mann soll fortan dein Herr sein."

Und was ist? Sie hält sich nicht dran! Im Gegenteil: Sie widerspricht mir andauernd. Sie will bestimmen. Ich meine: Wenn ich schon ihre gerechte Strafe sein soll, dann bitte richtig. Ein derartiges sündiges Verhalten kann ich nicht gutheißen. Ich möchte gen Himmel schreien: Die Last ist mir zu schwer.

Nun…und da dachte ich mir, ich versuche noch mal, ihn umzustimmen. Also: Gott. Und es wäre schön, wenn du dich für mich einsetzt…so als Mittler…weißt du: Ich möchte ziemlich gerne zurück ins Paradies. Ja, ich bitte hiermit ganz offiziell um eine Amnestie. Straferlass. Mildernde Umstände. Oder besser gesagt: um eine Wiederaufnahme des Verfahrens. Das muss doch machbar sein.

Äh ja … es geht dabei nur um mich. Eine Person. Erst mal jedenfalls. Eva kann ja eventuell später nachkommen. Wenn sie sich wieder beruhigt hat.

Du brauchst gar nicht so skeptisch zu gucken. Ich bin mir ziemlich sicher, dass Gott ein Fehlurteil gefällt hat. Zumindest über mich. Und ich glaube, dass er an der Entwicklung der Geschichte auch nicht ganz unschuldig war. Lass mich das erklären.

Ganz am Anfang setzte Gott uns ungefragt ins Paradies, in den Garten Eden, den „Garten der Wonne", wie er heißt. Uns, wie gesagt: sein Ebenbild. Wir sind also wie er – seine lebenden Skulpturen auf Erden. Fleischgewordene Statuen seiner Herrlichkeit. Statthalter seiner Göttlichkeit. Wir sollen seine Gegenwart repräsentieren. Ihn quasi offiziell vertreten.

Und da fängt es doch schon an: Er erlaubt angeblich niemandem, ein Bild von ihm zu machen, und was macht er selbst als erstes: ein Bild von sich. Gott bricht als allererstes ein Gebot. Ohne jeden Skrupel. Und stellt sich dann auch noch hin und ruft angesichts dieser Dreistigkeit: „Siehe, es ist sehr gut!"

Da würde ich eines doch gerne wissen, Cherub. Wenn die Männin und ich „sehr gut" sind, warum musste Gott uns dann im Paradies eine Falle stellen? Traute er seinem eigenen Urteil nicht? Waren wir möglicherweise doch misslungen? Diese Fragen sind berechtigt. Meine ich.

Tatsache ist: Gott, der uns beauftragte, im Garten der Wonne zur Ruhe zu kommen, baute eine heimtückische Prüfung ein. Wozu, möchte ich wissen. Und vor allem: Wenn wir sein Ebenbild sind, Gottes Widerschein, dann hat er letztlich die Falle doch sich selbst gestellt. Und hat versagt! Oder nicht?

„Du sollst nicht essen vom Baum der Erkenntnis des Guten und Bösen." Warum denn nicht? Ist doch wahr: Wir sollten den Garten Eden bebauen und bewahren – und zugleich eine Grenze akzeptieren, deren Sinn wir nicht verstanden. Da steht mittendrin ein Baum, der tabu sein soll. Einfach so. Ohne jede Begründung. Ohne jede Logik. „Der Baum ist bäh!" Das war nicht fair.

Mal unter uns: Wie soll man dem Bösen widerstehen, wenn man das Böse noch gar nicht kennt? Kannst du mir das erklären? Ich meine: Hätten wir vorher gewusst, was Gut und Böse ist, dann wäre es sicher sinnvoll gewesen, unsere Standfestigkeit mal auf die Probe zu stellen. Dann wäre das Ganze eine akzeptable Kontrolle unseres Charakters gewesen. Aber so? Das war absurd.

„Ihr kleinen naiven Geschöpfe, haltet das Gebot um des Gebotes willen! Aber fangt bitte auf keinen Fall an zu denken." So geht man nicht mit Menschen um, die ein Ebenbild Gottes sind.

Und dann macht mich noch etwas stutzig: Diese Schlange! Wieso konnte das blöde Vieh eigentlich sprechen? Tiere können doch sonst auch nicht sprechen. Auf einmal taucht da so ein schleimiges Etwas auf und fängt an zu reden. Eine Schlange. Ein Kriechtier. Ein redendes Reptil. Kein Wunder, dass man da als Mensch neugierig wird. Gott hat also ganz tief in die Verführungskiste gegriffen, um uns reinzulegen.

Gut, ich als Mann hätte das wahrscheinlich sofort durchschaut, aber das garstige Wesen zischte natürlich heimtückischer Weise das schwache Geschlecht an: „Hat Gott wirklich gesagt: ‚Von allen Bäumen des Gartens dürft ihr nicht essen'?"

Was für eine gewitzte Rhetorik! Unauffällig und doch direkt. Scheinbar nur eine leichte Verständnisfrage gestellt. Und doch mit einer winzigen Umstellung der Worte den Samen des Unheils im Paradies ausgesät.

Gott hatte ja gesagt: „Du darfst von allen Bäumen essen. Nur von dem einen nicht." Doch das schlüpfrige Ding mit der geteilten Zunge stellte sich dumm. „Was, ihr dürft von keinem Baum essen?"

Und als Eva ihr treuherzig widersprach, da war es schon zu spät. Da war sie dem Gift, das die Schlange in ihr Herz träufelte, schon erlegen. Verstehst du denn nicht? Ohne es zu merken, hatte sie begonnen, die Anordnung Gottes auszulegen, zu verteidigen…und sie damit auch als erklärungsbedürftig wahrzunehmen.

Verdutzt erwiderte die Männin: „Gott hat gesagt: ‚Esst nicht von dem Baum mitten im Garten, rührt seine Früchte nicht an, damit ihr nicht sterben müsst!'"

Vom Anrühren hatte Gott gar nichts gesagt, doch Eva empfand offensichtlich eine Erklärungsnot. Und weißt du was: Nicht der Schlange musste sie etwas erläutern, sondern sich selbst. Warum hätte sie sonst das Gebot zuspitzen sollen?

Die Schlange aber nutzte die Verletzlichkeit Evas unbarmherzig aus. Betörend wand sie sich und säuselte dann: „Aber nein, ihr werdet nicht sterben, wenn ihr von diesem Baum esst. Es ist ganz anders. An dem Tag, an dem ihr die Frucht genießt, werden eure Augen aufgetan, und ihr werdet sein wie Gott und wissen, was gut und böse ist."

Und nun höre gut zu, Cherub. Das war der eigentliche Moment, in dem die Verlockung ins Paradies kam. Das Böse. Als nämlich die Schlange von den Möglichkeiten sprach, da rief sie einen bis dahin völlig undenkbaren und ungedachten Gedanken ins Leben: Gott könnte gelogen haben.

Verstehst du? In dem Augenblick, in dem die Option der Lüge in den Raum gestellt wurde, verlor Eva die Unschuld ihres Herzens. Gott – ein Lügner? Ein Betrüger? Da trat die Möglichkeit des Argen so massiv auf, dass sie die bisherige Reinheit zerstörte. Jetzt konnte … nein, jetzt musste die Männin erstmals in der Geschichte der Menschen zwischen Gut und Böse unterscheiden. Und damit hatte die Erkenntnis schon begonnen. Zum ersten Mal seit Anbeginn der Schöpfung hatte ein Mensch eine Wahl.

Seien wir ehrlich: Der später folgende Biss in die Frucht war doch nur ein harmloser symbolischer Akt. Ein neckisches Randereignis. Eine charmante Anekdote, die man sich fortan in vielen Generationen am Lagerfeuer erzählen mag. Doch das Wesentliche war längst geschehen, als Evas Hand sich dem verheißungsvollen Obst näherte: Gott hatte das Böse ins Paradies gebracht.

Und eines weiß ich sicher: Niemals wäre es meinem Weib vor dem Gespräch mit der Schlange auch nur in den Sinn gekommen, dass das Werk Gottes nicht vollkommen sein könnte. Es war doch alles „sehr gut". Das hatte der Schöpfer selbst verkündet. Warum hätte das irgendjemand infrage stellen sollen?

Zudem war Eva durch und durch vertrauensselig. Wenn Gott das Paradies als Paradies bezeichnet hatte, dann war es auch ein Paradies. Fertig!

Um das noch einmal klarzustellen: Die Unterscheidung zwischen Gut und Böse kam allein durch die demagogische Rede der Schlange zustande. Sprich: durch Gott selbst. Denn wer, wenn nicht er, hatte dem Untier die Gabe der verständigen Rede gegeben, die trügerische Täuschung? Er hatte ihr erlaubt, zu freveln und zu sagen: „Gott hat euch angelogen."

Und nun war er gesät, der Zweifel. Der grausame Zweifel, der uns Menschen seither verfolgt wie ein erbarmungsloser Jäger. Der Zweifel, der uns den Schlaf und die Ruhe raubt, der Zweifel, der den eigentlichen Fluch des gefallenen Menschen darstellt – für alle Zeit. Immer wieder taucht in uns diese Stimme auf, die fragt: „Könnte da nicht noch mehr sein? Habe ich schon genug? Gibt es nicht noch größeres Glück?"

Dieser ewige Zweifel ist eine düstere Macht, die vor allem eines zerstört: Zufriedenheit. Ja, denn wer andauernd zweifelt, der erlaubt sich niemals, zufrieden zu sein. Er wird getrieben von den Möglichkeiten. Von all dem, was ihn noch zufriedener machen könnte. Könnte … könnte … könnte. Und vor lauter Angst, noch nicht zufrieden genug zu sein, ist er nie zufrieden.

Ich kann gut verstehen, dass Eva diesem Gedanken nachgeben musste. Wenn Gott gelogen hatte – dann brach ja alles zusammen. Die gesamte Ordnung. Dann war das Paradies gar nicht mehr paradiesisch, sondern eventuell nur ein zweitklassiger Aufenthaltsort. Dann war gut nicht mehr gut. Sondern vielleicht böse. Zumindest nicht gut genug. Dann war Gott nicht mehr Gott, sondern nur ein ängstlicher Feigling, der seinen Geschöpfen die wahre Göttlichkeit missgönnte. Einer, der seinem Ebenbild das wahre Ebenbild-Sein gar nicht erlaubte.

Könnte da nicht noch mehr sein? Was für eine verführerische Frage. Eingefangen in die höllisch vage Formulierung:

„Könnten wir nicht göttlich sein? Oder sogar göttlicher als dieser geheimnisvolle Gott, der ja offensichtlich das wahre Vertrauen in seine Menschen gar nicht hat und sie deshalb klein hält?"

Das alles geschah vor dem Biss in die Frucht. Und ich kann nur eines sagen: Als Eva mir das saftige Stück hinhielt, da tat ich nichts anderes als das, was ich sonst auch tue, wenn mir meine Frau ein Stück Obst hinhält. Ich biss hinein. Ich konnte doch nicht ahnen, dass es sich dabei um einen „Bissen des Todes" handelte.

Deshalb begreife ich auch nicht, dass ich aus dem Paradies geworfen wurde.

Ich bin übrigens der Überzeugung: Gott war als Richter ohnehin von Anfang an befangen. Ist doch wahr. Sieh mal: Als ich mich mit Eva nach der ganzen Geschichte versteckt hatte, wen rief der Höchste da? Mich! „Adam, wo bist du?" Warum wollte er denn mich sprechen? Warum nicht sie? Ich war doch in die ganze Sache nur zufällig reingezogen worden.

Nebenbei: Zu dieser Zeit hatten wir uns schon bedeckt. O ja. Aber nicht, weil wir uns unserer Körper auf einmal geschämt hätten. Keinesfalls. Wir hatten begriffen, dass wir uns eine Blöße gegeben hatten, ja, dass wir uns selbst bloßgestellt hatten. Und weißt du, woran wir es gemerkt hatten?...Wir waren gar nicht wie Gott geworden. Wir waren immer noch Menschen. Da auf einmal begriffen wir, dass die Schlange gelogen hatte, nicht der Schöpfer.

Und in unserem Erschrecken über unsere Torheit spürten wir das unbändige Verlangen, uns zu verbergen. Ganz und gar. Am liebsten hätten wir unsere Herzen verhüllt, doch weil das nicht ging, umgaben wir stellvertretend unsere Leiber mit Blättern.

Wie gesagt, Gott rief: „Adam, wo bist du?"

Nun, meiner bescheidenen Meinung nach ist das für einen allwissenden Gott eine erstaunlich einfältige Frage. Und in meiner Verwirrung schob ich alles auf Eva. Sicherlich zu Recht. Aber in diesem Moment doch etwas vereinfacht.

Und sie? Na, sie schob alles auf die Schlange.

Wir erkannten in diesem Augenblick beide nicht, dass unsere eigentliche Schuld darin bestand, dass wir Gott verneint hatten. Dass wir dem Zweifel in uns Raum gegeben hatten. Dass wir begonnen hatten, uns vor Gott zu fürchten und an seiner himmlischen Aufrichtigkeit zu zweifeln.

Doch jetzt habe ich verstanden. Wirklich! Und ich bitte den Höchsten, noch einmal sorgfältig zu prüfen, ob meine Reue und seine Mitschuld an dem ganzen Dilemma nicht so relevant sind, dass er sein Urteil revidieren kann.

Und schon jetzt gelobe ich, dass ich den zweiten verführerischen Baum, den Baum des ewigen Lebens, nicht anrühren werde. Wirklich nicht. Ehrenwort.

Was, du willst nicht? Du findest, dass meine Worte beweisen, dass ich nichts verstanden habe.

Pass mal auf, Cherub, was bildest du dir eigentlich ein? Versprich mir, dass du mein Anliegen vorträgst. Schließlich ist Gott der Richter, nicht du.

Und…äh…lass mich doch bitte noch einmal einen Blick ins Paradies werfen. Nur einen kurzen Moment das Verlorene bestaunen. Einverstanden?

Dann…

Schon gut, nimm das Flammenschwert wieder runter. Ja, ich beruhige mich.

Was? Ich soll verschwinden?

Ja, ist gut.

Na, eines kann ich dir sagen: So toll ist dein Paradies auch wieder nicht. Da bekommt man nicht mal Fleisch zu essen, weil kein Tier sterben darf. Und glaub mir, so ein saftiges Stück Lende, von Eva gegrillt, das hat schon was.

Ach ja, und als wir noch im Paradies waren, da...da haben Eva und ich uns schon...ab und an berührt...und so. Aber so richtig erkannt haben wir einander erst später. Erst hier draußen begriffen wir...was wirklich gut ist. Denn das Gute erfährt man ja nur, wenn man das Böse kennt. Weil man nur lieben kann, wenn man weiß, was nicht lieben ist. Und mit ihr war das Lieben richtig gut. Von wegen: „Garten der Wonne". Die Wonne kam erst nachher.

Na, du hast als Engel wahrscheinlich ohnehin keine Ahnung, wovon ich gerade rede. Solltest du aber. Denn eines hast du ja nun gelernt: Es fängt immer mit dem Zweifel an. Dem Zweifel! Dem ZWEIFEL. Tja, wenn du wüsstest, was du verpasst. Einander erkennen, zärtlich sein, ineinander versinken. Im Kuss einander vertraut werden. Das nenne ich „Paradies".

Weißt du was: Vielleicht ist das mit Eva doch gar nicht so schlecht...

DA WAR WAS IM BUSCH
Mose nimmt Abschied von Josua

Halt! Warte! Bitte! Ich…ich brauche eine kurze Rast. Nur einen Augenblick. Lass uns hinsetzen. Dort…auf die Steine. Oh ja…das…tut…gut.

Ja, Josua, ich weiß, dass das Ziel schon ganz nah ist. Ich sehe es selbst. Nur noch wenige Schritte, und wir haben den Gipfel erreicht. Nebo, den höchsten Punkt des Pisga-Gebirges. Und dennoch…setz dich zu mir, Freund, für einen kurzen Moment.

Ich kann deine Ungeduld verstehen. So lange haben wir auf diesen heiligen Moment gewartet. Aber ich bin inzwischen 120 Jahre alt. Da springt man die Hänge nicht mehr hinauf wie eine Wildziege oder ein Steinbock. Meine Knochen sind schwer geworden.

Vielleicht…nun…vielleicht will ich auch nur diese letzte Süße meiner Zeit auskosten. Noch einmal…die Kostbarkeit des Wartens in mich aufsaugen. Welch eine…betörende Verzögerung.

40 Jahre haben wir für diesen Tag gelebt. Du und ich. Und jetzt…da das Ereignis zum Greifen nah ist…einen schnellen Aufstieg entfernt…nur wenige große Ellen…da jubelt…und da fürchtet sich etwas in mir. Zu Tode.

Josua, ich weiß, dass dort oben eine Zeit zu Ende geht – und dass zugleich eine neue beginnt. Darauf habe ich mich all die Sommer vorbereitet. So gönne mir noch ein letztes Sammeln meiner Seele.

Seltsam... schau her, treuer Gefährte... gerade wollte ich meinen Stock an die Seite legen... dieses stumpfe, knorrige Stück Holz hier, das mich all die Jahre auf meinem Weg begleitet hat. Und du weißt, dass das nicht einfach ein gewöhnlicher Hirtenstab ist, sondern ein... ein Zeichen des Glaubens.

Weißt du... damals... als Gott zum ersten Mal zu mir sprach... durch einen brennenden Dornbusch, in der Wüste, da wollte ich ihm nämlich keineswegs vertrauen... da wollte ich nicht wahrhaben, dass er einen von Gram gebeutelten Hirten, einen flüchtigen Mörder, zur Rettung seines Volkes erwählen könnte... alt fühlte ich mich... schon damals...

... doch er ließ keines meiner Worte gelten...

„Was hast du da in deiner Hand?" Die Stimme kam mitten aus den knisternden Flammen.

„Einen Stab", antwortete ich bebend.

Und es war dieser hier, den ich seither kaum weggelegt habe. Ja, es ist bis heute, als müsse ich mich an diesem Ast festhalten. Mich daran klammern wie ein Ertrinkender.

„Los! Wirf ihn auf die Erde!"

Der Befehl traf meine Ohren. Ich verstand gar nichts, gehorchte aber. Und sprang im nächsten Atemzug keuchend zurück. Denn der Stab, mein schlichter Hirtenstab, hatte sich in eine Schlange verwandelt. Vor meinen Augen. Ringelte sich am Boden entlang und zischte mich an.

Ja, du kennst die Geschichte, und doch scheint sie mir

selbst – jedes Mal, wenn ich sie erzähle – aufs Neue unglaub-
würdig, wie ein Märchen, das ein Reisender bei Nacht im Zelt
mit heiserer Stimme von sich gibt. Aber ich war dabei…ich,
Mose, habe das wahrhaft gesehen.

Da lag sie vor meinen Augen, eine grünlich schimmernde
Schlange mit gespaltener Zunge. Atemlos wollte ich zurück-
weichen…da offenbarte mir Gott, wie ich das Tier durch
einen flinken Griff an den Schwanz wieder in einen Stab
zurückverwandeln und mit Hilfe dieses Wunders alle Un-
gläubigen überzeugen konnte, dass überirdische Mächte mich
gesandt hatten.

Josua, damit fing das Elend an. Tja…

Du meinst wahrscheinlich, dieser Stab sei ein Werkzeug
Gottes, weil ich mit seiner Hilfe das Meer teilen konnte, als
ich unser Volk aus der Gefangenschaft führte und das Rattern
der ägyptischen Streitwagen, die uns verfolgten, schon durch
die Dünen drang. Was für ein Irrtum!

Du meinst, dieser Stab sei ein Instrument himmlischer
Macht, weil er uns in der Schlacht gegen die Amalekiter den
Sieg schenkte, als ich durch das stete Hochhalten seines Hol-
zes die Feinde zurückdrängen konnte und Aaron und Hur zu-
letzt mit all ihrer Kraft meine Arme stützten, bis der Gegner
bezwungen war. Was für eine Narretei!

Du meinst, dieser Stab sei ein rettender Spender von Leben, weil ich mit seiner Hilfe Wasser aus dem Felsen schlagen
konnte, als das darbende Volk bei Massa und Meriba durstge-
plagt gegen mich und den Himmel murrte und ich ihnen zu
trinken gab. Was für ein Missverständnis!

Dieser Stab, Josua, ist ein Verführer. Ein Blender. Ein Durcheinanderbringer. Eine allzu offensichtliche Prüfung Gottes, die wir nicht bestanden haben. Niemals!

Begreifst du denn nicht? Wir wurden abhängig von ihm. Von seinen Wundern. Von seinen unfassbaren Taten. Ja, unser Glaube reichte immer nur von einem Wunder zum nächsten. Von einem Zeichen des Stabs zum anderen.

Ich erkläre sogar: Das war überhaupt kein Glaube und auch kein tiefes Vertrauen in Gottes Fürsorge. O nein! Wir glaubten doch nur, was wir sahen. Ja, wenn wir sahen und erlebten, wie der Stab unsere Bedürfnisse stillte, dann waren wir geneigt, uns dem Herrn zuzuwenden. Aber nur dann.

Josua, wir ließen unsere Gunst erkaufen – durch Manna und Wachteln. Durch Wasser und Sieg.

Aber haben wir Gott geliebt?

Nein!

Wir haben die Versorgung geliebt. Den Erfolg.

Wenn es uns gut ging, dann lobten wir den Herrn. Doch wenn es uns an etwas mangelte, dann fingen wir an, zu klagen und zu schreien. Voller Empörung. Ja, dann war es ganz schnell vorbei mit der Liebe.

Und was das Absurdeste ist: Dann war es sogar vorbei mit der Sehnsucht nach Freiheit. Dann opferte unser Volk seine hehren Träume für die schnöde Gier nach einem Stückchen Brot oder einem Mundvoll Wasser. Wie leicht gaben wir alles hin: unsere Visionen. Unsere Verheißungen. Unsere Hoffnungen. All das galt dann nichts mehr. Wie Tiere ließen sich die Menschen von ihren niederen Trieben steuern. Und…das hat mich immer am tiefsten entrüstet…sie sehnten sich sogar zurück nach der Gefangenschaft. Du hast es selbst oft genug vernommen.

Ja, Josua, Freiheit zählt nichts, wenn der Körper darbt. Und so jammerten sie: „Wir denken an die Fische, die wir in Ägypten umsonst aßen, und an die Kürbisse, die Melonen, den Lauch, die Zwiebeln und den Knoblauch."

Glaube, mein Freund, geht durch den Magen. Ist der Bauch gefüllt, dann lässt sich's gut lobsingen. Doch wenn ein Grimmen die Eingeweide erschüttert, dann steigt es hoch bis ins Herz und ergrimmt auch die Seele. So haben wir es all die Jahre erlebt.

Gab es eigentlich einen Tag, nur einen einzigen, an dem nicht irgendwer geklagt hat? Einen Tag, an dem nicht eine vor Leid triefende Stimme zwischen den Zelten verkündete, das Leben sei nicht mehr lebenswert, wenn nicht sofort diese oder jene Annehmlichkeit für die dazugehörige Person ermöglicht werde? Nie sahen sie, was sie hatten, immer nur, was ihnen fehlte.

Wie hat mich das ewige Gejammer angewidert: Mehr Essen. Mehr Trinken. Mehr Fleisch. Mehr. Mehr. Mehr. Ich verstehe sehr gut, dass es Gott genauso enttäuschte.

Ja, wir lebten in der Wüste. Aber die Wüste in den Köpfen war noch größer. Viel größer. Ein trostloser Flecken Erde, in dem jede Zukunft fruchtlos versackte. Dürre und Trockenheit.

Gleich. Gleich können wir weitergehen. Lass mich noch für wenige Atemzüge die Vergangenheit zurückholen. Sei geduldig. Auch wenn dich der Gipfel lockt. Das sehe ich dir an.

Ich erinnere mich noch, wie wir im zweiten Monat des zweiten Jahres unseres Exodus' die Boten aussandten. Gewiss erinnerst du dich auch. Schließlich ist dein Verstand viel jünger als meiner. Frischer vor allem.

Die edelsten Fürsten jedes Stammes sollten damals herausfinden, wie es beschaffen ist, dieses Gebiet, das Gott uns versprochen hatte. Ob es fett ist oder mager? Ob die Bewohner stark sind? Und: Ob das gelobte Land es wert war, dass wir diese Strapazen in der Wüste auf uns genommen hatten.

So zogen sie los, die Männer. Kundschafteten das Land aus. Von der Steppe Zin bis nach Rehob Lebo Hamat. Hinauf im Hageb bis nach Hebron und ins Tal Eschkol.

Nach 40 Tagen kehrten sie wieder. Mit zerrissenen Gemütern. Ja, denn Kanaan war tatsächlich ein Land, in dem Milch und Honig fließen. Ein verheißenes Land. Und die Trauben, die die Boten mitbrachten, schmeckten süß und kraftvoll.

Doch kraftvoll waren auch die Menschen, die dort wohnten. Amalekiter, Hetiter, Jebusiter, Amoriter, Kanaaniter. Ihre Städte von hohen Mauern umgeben. Ihre Waffen glänzend. Und ihre Zahl viel größer als die unsrige.

Und noch ehe wir die Boten in Ruhe befragen konnten, schwirrten Gerüchte durchs Lager: „Dort leben Riesen. Kanaan ist ein Land, das seine Bewohner frisst."

Und wieder schallte es zwischen den Zelten wehklagend hervor: „Ach wären wir doch in Ägypten oder in der Wüste gestorben."

Die Angst fraß den Glauben auf. Statt auf die Gaben schaute unser Volk nur auf die Gegner. Und murrte. Wieder einmal.

Ich weiß noch, dass Kaleb als Einziger mutig genug war, Gottes Zusage zu vertrauen. Er wollte den Weg weiterziehen und Kanaan erobern. Die anderen aber sahen nur noch die Gefahren – wie das Flimmern einer Fata Morgana über den erhitzten Böden der Steinwüste.

Sie wollten mich sogar steinigen, als ich sie daran erinnerte, dass wir den Befreier auf unserer Seite hatten, den Ich-bin-bei-euch, den Gott Abrahams. Ja, ihre Sorge war überzeugender als Gott.

An diesem schauderhaften Abend, mein treuer Begleiter, sprach Jahwe mit mir, so wie ein Freund mit einem Freund redet. Traurig war er, so wie ich traurig war. Und erbost. Und unverständig.

„Warum glauben sie nicht – trotz all der Wunder?" Und noch einmal: „Warum glauben sie nicht – trotz all der Wunder?"

Du weißt es, Herr. Dachte ich. Weil Wunder wie Nahrung sind. Sie stärken. Doch sie werden auch schnell verdaut. Und wenn dann erneut der Hunger kommt, nutzt die schönste Erinnerung an das letzte Festmahl nichts. Gar nichts. Im Gegenteil: Sie scheint eher wie ein Hohn.

Mit den Menschen und den Wundern ist es wie mit Säuglingen, deren Greinen die Luft zerschneidet, bis die Mutter ihnen die Brust reicht. Dann saugen sie erregt die Ruhe ein. Und schlafen anschließend. Für kurze Zeit scheint im Kopf alles gut zu sein. Bis der Bauch sich wieder meldet.

Josua, ahnst du, warum ich gelernt habe, diesen Stab hier zu hassen? Weil er wie die Brust einer himmlischen Mutter ist. Er säugt uns mit Wundern. Aber er schafft keinen Glauben. Wie Gott selbst ja bemerkt hat.

In seiner Entrüstung über unseren Kleinglauben wollte der Herr uns in jener Nacht, in der die Menschen sich aus lauter Angst vor den Bewohner Kanaans von Gott abwandten, grausam strafen.

Ja, zurückschicken wollte er uns. Zurück nach Ägypten. Zurück in die Gefangenschaft. Zurück zu den ach so verlockenden

Fleischtöpfen, an denen wir doch nur Sklaven gewesen waren. Rechtlos und verachtet. Er war äußerst erzürnt.

Da feilschte ich mit ihm. Versuchte die Raserei des Höchsten zu bändigen. Indem ich ihm vor Augen malte, wie man in Ägypten über ihn, den Ursprung allen Daseins, triumphieren würde, ja, wie man ihn verhöhnen würde, wenn sein Volk geschlagen und feige zurückkehrte. „Einen Versager werden sie dich nennen, Herr."

So beschloss Jahwe zu vergeben.

Doch Vergebung hat ihren Preis.

Jemand zahlt immer.

Und Gott donnerte: „All die Männer, die meine Herrlichkeit und meine Zeichen gesehen haben und mich nun zehnmal versucht haben und meiner Stimme nicht gehorcht haben, von denen soll keiner das Land sehen, das ich ihnen versprochen habe. Nur Kaleb, der Sohn Jefunnes, und Josua, der Sohn Nuns. Vierzig Jahre sollt ihr eure Schuld tragen, damit ihr spürt, wie es ist, wenn ich die Hand von jemandem nehme."

Ach, Josua, meinst du, ich hätte damals nicht bemerkt, dass er meinen Namen nicht genannt hatte. Auch wenn es mir gegenüber keiner aussprach: Jeder wusste, dass auch ich nicht zu denen gehören würde, die das gelobte Land betreten. Schon in dieser Nacht trafen mich die Worte Gottes härter, als jeder Schwertstreich eines Amalekiters es hätte tun können.

Aber sie lehrten mich auch, die Früchte der Geduld zu ernten. Warum? Weil der Sinn meines Lebens fortan nicht mehr darin bestand, irgendwo hinzukommen. Ich konnte…nein…ich durfte ergründen, dass es kostbarer ist, von Gott geführt zu werden, als…nun…als irgendwo ein Ziel zu erreichen.

Josua, mein Weggefährte, wer sein Gottesstreben darauf baut, dass ihm ein Wunsch erfüllt wird, dessen Vertrauen bricht zusammen, wenn die Erfüllung ausbleibt. Ja, sogar wenn der Wunsch erfüllt wird, ist seine Zuversicht ernsthaft bedroht, weil sie dann keine Richtung und keine Aufgabe mehr hat.

Das ist der Fluch der Wunder. Treten sie ein, verblassen sie sofort wieder. Treten sie nicht ein, legen sie sich dennoch wie ein düsteres Tuch über unser Blickfeld. Und darum erinnert mich mein Stab immer an diesen Fluch – und ich möchte rufen: „Weg mit den Wundern!"

Du schweigst? Fragst du dich, warum ich dir das alles erzähle? Das will ich dir sagen. Weil ich wie alle empfänglich bin für Wunder. Wenn du wüsstest, wie sehr. Ich kenne diesen unerbittlichen Drang, das Wirken Gottes in großen Gesten zu erfahren. Und ich möchte, dass dein Glaube stärker ist, als meiner es war.

Schau nicht so irritiert. Ja, was dachtest du denn, warum ich später, viele Jahre später, am Haderwasser von Kadesch den Zorn Gottes noch einmal mit aller Macht auf mich gezogen habe? Mein Verlangen nach Wundern hat mich damals verführt. Mein Drang nach Göttlichem.

Ich war das endlose, austrocknende Nörgeln der Menschen in jener Zeit so leid. Doch sie fingen wieder an, schon wieder, immer wieder aufs Neue: „Warum habt ihr uns aus Ägypten geführt an diesen bösen Ort, wo man nicht säen kann, wo weder Feigen noch Weinstöcke noch Granatäpfel sind und auch kein Trinken?"

Da gebot mir Gott erneut, Wasser aus dem Felsen zu

holen mit meinem Stab. Dem Zauberstab. Dem Stab der Wunder.

Also stellte ich mich vor die Menge und brüllte: „Hört, ihr Ungehorsamen, werden wir euch wohl Wasser hervorbringen können aus diesem Felsen?"

Ich weiß, ich hätte nicht in meinem Namen reden dürfen. Das war anmaßend. Und ich hätte auch nicht den mageren Glauben der Durstigen benennen dürfen. Das war ebenfalls anmaßend. Meine eigentliche Schuld aber…nun…

…die bestand darin, dass ich aus dem, was Gott zur Versorgung seines Volkes gedacht hatte, einen widerwärtigen Mummenschanz machte. Dass ich mich an diesem Tag hinstellte wie eine Engelsgestalt mit weit ausgebreiteten Armen und theatralisch mit dem Stab…mit diesem vermaledeiten Stab hier, gegen den Felsen donnerte, als könne mein Schlag das Gestein zerschmettern. Als wäre ich das goldene Kalb, das es anzubeten gilt.

Ich machte mich eins mit dem Gelüst der Menschen. Sie wollten ein Wunder. Also präsentierte ich ihnen eines. Anstatt demütig als Werkzeug des Höchsten zu agieren.

So verbannte Gott Aaron und mich endgültig aus der Zukunft – mit harschen Worten: „Weil ihr mich nicht geheiligt habt, darum sollt ihr diese Gemeinde nichts ins Land bringen, das ich ihnen geben werde."

Jetzt…jetzt ist die Zeit der Schuld vorbei. Endlich. Letzte Woche haben wir den letzten feigen Fürsten zu Grabe getragen, dem damals der Mut fehlte, das Land Kanaan zu erobern. Nach 40 Jahren. Nie eröffnete ein Tod mehr den Blick auf das Leben. Denn das bedeutet: Die Generation der Hadernden ist von uns gegangen. Die Schuld ist bezahlt – auch wenn unsere Nachkommen sie wieder auf sich laden werden. Wieder und immer wieder.

Du weißt: Ich werde auch sterben. Bald. Wie Gott es prophezeite. Dem Volk im Tal habe ich schon Lebewohl gesagt. Und nun…ja, nun muss ich mich von dir verabschieden.

Versteh mich, Josua, bitte…

Ich möchte gerne…nun, ich möchte gerne allein auf den Gipfel steigen. Ganz allein. Nur ich und…er. Weil es meine Geschichte ist, die dort oben zu Ende geht. Deine fängt erst an. Und das scheint mir richtig so.

Du wirst das gelobte Land betreten. Ich werde es nur einmal kurz betrachten dürfen. Wie ein Vogel. Von oben. Nah und doch fern. Die letzte Bitte, die ich an Gott gerichtet habe. Und er hat sie mir gewährt.

Nein, danke, ich komme noch alleine auf die Beine. So schwach bin ich nun auch wieder nicht.

Mein Freund, lebe klüger als ich. Ich habe zu lange gebraucht, um zu erkennen, dass Wunder meist keinen Segen bringen. Weil sie das Hoffen und Vertrauen zerstören. Dabei sind diese beiden Gaben der Kern des Segens. Nur sie überwinden die Angst.

So sage ich dir: Sei mutig und stark, fürchte dich nicht und erschrecke nicht vor deinen Feinden, denn Gott ist mit dir. Wenn dieses Wollen dein Herz erfüllt, dann glaubst du.

Hier…ja, nimm ihn…nimm meinen Stab. Wirklich, ich brauche ihn nicht mehr. Darum gebe ich ihn an dich weiter. Als Mahnmal des Vertrauens. Als Zeichen meiner Nachfolge. Er macht dich zum neuen Anführer unseres Volkes. Gottes Volkes.

So, nun trägst du seine Verantwortung.

Gott mit dir.

Auf allen Wegen.

Ich…will es wagen…also los…

Josua, ich bin gleich oben. Nur noch…ja…

Ich sehe es…dort…

…nein…überall…

Das ist das gelobte Land.

DAS GELOBTE LAND!

Gerade vor mir liegt Jericho, die Palmenstadt…und…und die ganze fruchtbare Ebene des Jordan, weit bis nach Zoar.

Von Nord nach Süd.

Und von Süd nach Nord.

Was für ein Anblick!

Wie schön das ist…wie grün…wie hell…

Und da…ja, das…das ist das Meer. Da hinten. Ganz im Westen.

Josua, ich kann bis zum Meer schauen. Endlos weit.

All das schenkt Gott uns…

…unserem Volk…

Josua…jetzt kann ich getrost sterben…

WENN DU GESCHWIEGEN HÄTTEST...

Petrus im Kreis der Jünger

Hört mich an! Ihr alle. Ich habe euch etwas zu sagen...etwas Wichtiges, etwas...das mich selbst wahrscheinlich am meisten betrübt.

Bitte, seid aufmerksam, nur einen Augenblick! Auch wenn es noch vor Morgengrauen ist – und euch der Schmerz und die Trauer die Sinne betäuben.

Wartet, ich stelle mich hier auf die Bank, damit ihr mich besser hören könnt.

Also...also...ich weiß gar nicht, wie ich anfangen soll.

Ich war...ich war ja in den vergangenen Monaten so etwas wie euer Sprecher, der Wortführer, vielleicht sogar eine Art Oberhaupt...wie immer ihr es nennen möchtet.

Entscheidend ist: Ich habe mir das nicht ausgesucht. Nun, natürlich hat es mich geehrt und ich war auch gerne für unsere Gemeinschaft zuständig, aber vor allem...vor allem hat mich unser Rabbi in dieses Amt eingesetzt.

Ja, Jesus selbst war es, der bei Cäsarea Philippi zu mir sagte: „Simon, Sohn des Jochanan, du bist von nun an Petrus – der Fels, auf den ich meine Gemeinde bauen will."

Woraufhin er die gewichtigen Worte hinzufügte, die ihr

ja alle gehört habt: „Was du auf Erden binden wirst, das wird im Himmel gebunden sein, und was du auf der Erde löst, das wird im Himmel gelöst sein. Das sind die Schlüssel des Himmelreichs."

Das hat er gesagt.

Ihr alle…ihr seid meine Zeugen, dass ich Jesus die vielen Tage und Wochen während unserer Wanderschaft unfassbar geliebt habe, dass ich ihn immer noch liebe. Sogar im Tod.

Und: Dass ich ihm diesen Wunsch gerne erfüllt hätte. Wirklich, das hätte ich. Ihr habt doch alle gespürt, wie ich für ihn gebrannt habe. Mein Leben wollte ich für ihn geben. Alles, alles, was ich habe.

Nur…nur diese Last…diese Schlüssel des Himmelreichs, die sind mir zu schwer. Viel zu schwer.

Es tut mir so leid: Aber ich kann das nicht. Diese Verantwortung vermag ich nicht zu tragen. Darum…

Ja…

Darum möchte ich von meinem Amt zurücktreten. Jetzt sofort. Und es würde mich sehr freuen, wenn Jakobus oder Johannes…wenn einer von euch mein Nachfolger werden würde. Jesus hat euch ja ebenfalls in besonderer Weise geachtet. Was denkt ihr?

Ruhe! Ruhe bitte!

Ihr wollt eine Erklärung? Die habe ich nicht. Ich kann euch nur sagen, dass es nicht daran liegt, dass unser Rabbi gestern gekreuzigt wurde. Ich laufe nicht feige davon. Im Gegenteil. Alles in mir schreit danach, sein Werk zu vollenden, seine Lehre von der Liebe Gottes unserem verirrten Volk weiterhin zu verkünden…aber…

…aber eben nicht als Anführer. Dazu tauge ich nicht. Es ist…o Mann…wie kann ich euch das…

Also…es gibt doch…es gibt eine Erklärung…oder besser gesagt: einen Grund.

Er ist ganz schlicht und leider wahr: Ich bin nicht würdig, dieses Amt noch länger inne zu haben…

Halt…lasst mich bitte ausreden…ich erzähle ja…aber ihr müsst schon zuhören…sonst bringt das alles nichts…

Ruhe!

Ihr wisst nicht…noch nicht, was gestern Abend geschehen ist. Im Hof des Königs. Dort habe ich Schuld auf mich geladen, schwere Schuld. Womöglich die schwerste Schuld, die ein Mensch auf sich laden kann. Und ihr als meine Weggefährten…ihr sollt erfahren, was geschehen ist.

Damit ihr erkennt, wer ich wirklich bin.

Nun, eines zumindest ist wohl keinem von euch in unserer gemeinsamen Zeit verborgen geblieben: Ich bin ein vorlauter Kerl mit einem losen Mundwerk. Ein impulsiver Hitzkopf, der allzuoft mit irgendwelchen respektlosen Sprüchen rausplatzt. Spontan bin ich, draufgängerisch, wild.

Schließlich fing es ja auch so an. Ich weiß noch, wie es war, als Jesus zum ersten Mal zu mir und meinen Brüdern kam…als wir gerade dabei waren, die Rundnetze auszuwerfen – weil die warmen Quellen die Fische morgens in den Uferbereich lockten. Plötzlich stand er neben Andreas und mir und sagte einfach nur: „Kommt mit! Ich mache euch zu Menschenfischern."

Da habe ich auch nicht nachgedacht. Obwohl er ja ein Fremder war. Aber er hat in diesem Moment mit einem einzigen Satz mein ganzes Leben…auf den Kopf…nein…auf weiten

Raum gestellt. Ja, er gab dem, was ich war – ein Fischer –, eine völlig neue Bedeutung. Er machte mir klar: Meine Fertigkeiten konnte ich nicht nur einsetzen, um meine Familie zu ernähren und uns ein bescheidenes Auskommen zu sichern, o nein, ich konnte damit die Welt verändern. Ich konnte Menschen-Fischer werden. So zumindest verstand ich ihn an diesem Tag.

Und ließ alles stehen und liegen. Wie gesagt: einfach drauflos. Wie es meine Art ist. Ohne zu zögern. Und auch ohne zu überlegen. Aus dem Bauch heraus.

Aber wem erzähle ich das? Ihr kennt mich. Schließlich passierte genau das Gleiche auch an dem Tag, als Jesus uns auf dem Weg fragte, was denn in den Dörfern so über ihn geredet würde. Als er wissen wollte, für wen ihn die Menschen hielten.

Nun, wir konnten die landauf, landab kursierenden Gerüchte natürlich alle wiedergeben: In manchen Dörfern wurde gemunkelt, unser Rabbi sei vermutlich Johannes der Täufer, andere mutmaßten, er wäre gewiss ein neuer Prophet des Herrn, und wieder andere glaubten sogar, Jesus wäre der wiedergekehrte Elia. Wir haben ausgelassen gelacht, als wir über die skurrilen Spekulationen der Leute nachgedacht haben.

Jesus aber blieb ernst. In unser ausgelassenes Grölen hinein fragte er: „Was denkt ihr denn, wer ich bin?"

Da wurden wir still.

Und wieder war ich es, der herausplatzte: „Du? Du bist der Messias! Der Sohn des lebendigen Gottes!"

Was seid ihr alle zusammengezuckt. Voller Panik. Habt die Köpfe eingezogen. Ob dieser vermeintlichen Gotteslästerung.

Denn natürlich war mein Bekenntnis eine öffentliche

Gotteslästerung – wenn es denn nicht die Wahrheit war. Und selbst dann…

Nun, Jesus widersprach mir nicht. Er schaute uns nur durchdringend an und befahl: „Sagt es niemandem!"

Hatte ich selbst begriffen, was ich da von mir gegeben hatte? Natürlich nicht. Ich war wieder einmal ein Hitzkopf gewesen. Einer, dem die Worte von der Zunge sprangen. Einer, dessen Mund dem Verstand nur allzu gerne einen Schritt voraus war.

Ist doch wahr: Jede und jeder von euch hat damals das Gleiche gedacht: Vielleicht ist Jesus ja tatsächlich der Messias. Der Retter Gottes, auf den alle warten.

Aber ich … ich habe es ausgesprochen. Obwohl ich überhaupt nicht sicher war. Natürlich waren da all die Zeichen und Wunder, die wir erlebten, andererseits war Jesus gar nicht so, wie wir uns den Heiland erträumt hatten. Darum war ja auch der Zweifel größer als die Zuversicht.

Verständlich, dass Jesus auf meinen vorlauten Ruf sofort mit einer Zuspitzung reagierte, die meine Hoffnung zurechtstutzte: „Der Menschensohn muss viel leiden – durch die Ältesten, die Oberpriester und die Schriftgelehrten."

„Nein", brüllte ich. Weil das gar nicht zum Messias passte: Leiden! Der Messias, das war ein Sieger, ein Held, ein Überwinder. Was erzählte Jesus denn da von irgendwelchen Problemen? Außerdem konnte ich den Gedanken nicht ertragen, dass man unserem Rabbi etwas antat. Ihm, der so voller Liebe zum Leben war.

Ich hab mich an ihn geklammert. Mitten auf der Straße. Im Staub des Westwinds. Vor euer aller Augen. Wisst ihr noch? Ich wollte ihn halten, trösten und beschützen.

Doch als ich ihm erklärte, dass wir gemeinsam schon einen Weg finden würden, ihn vor dem Bösen zu bewahren, da schrie er mich wie von Sinnen an: „Weg mit dir, Satan!"

Ich schäme mich. Weil ich ihm wohl nie richtig zugehört habe. Nein, das stimmt nicht. Ich habe ihm sehr wohl zugehört. Aber die prachtvollen Bilder des Messias in meinem Kopf waren so groß und mächtig, dass dort kein Platz mehr war für seine Botschaft von einem verletzlichen Menschensohn, dessen Macht die Ohnmacht und dessen Stärke die Schwachheit sein sollte.

Darum habe ich es ja auch als Einziger von uns nicht ertragen, dass er uns kurz vor seinem Tod die Füße waschen wollte. Angefleht habe ich ihn, sich nicht in dieser Weise zu erniedrigen und wie ein Sklave vor mir zu knien. Ich wollte nicht, dass der Sohn Gottes klein ist. Ich wollte nicht, dass Gott mir dient.

Noch heute höre ich meinen erbitterten Ruf: „Nie und nimmer sollst du mir die Füße waschen."

Und er? Er brachte es wieder mit einer scharfen Zurechtweisung auf den Punkt: „Wenn ich dich nicht wasche, dann hast du keinen Anteil an mir."

Hatte ich ja auch nicht. Weil ich nicht den sah, der er war, sondern den, den ich sehen wollte. Ich sah die Wunder und nicht die Wunden. Mein Glaube war so einfältig, so schwach, so fixiert auf den Triumph, dass er das tiefe Geheimnis der Hingabe nicht erfasste. Ich Armer. Ich Verirrter.

Nein, hört auf. Ich weiß, wovon ich rede. Ihr müsst mir nicht weismachen, es sei anders gewesen. Ihr müsst mich nicht dort entschuldigen, wo ich mich selbst anklage. Ich will es doch.

Vor allem aber: Mein Irrglaube ist nicht der Grund, warum ich mein Amt als euer Wortführer niederlegen möchte.

Es ist meine Schwachheit.

Ja, nicht nur, dass ich das Falsche geglaubt habe, ich war noch dazu nicht in der Lage, für meine Überzeugungen einzustehen. Ich habe Gott verraten – und mich selbst.

Ich, der am Tag vor dem Pessachfest – als wir gemeinsam das Mahl hielten – im Brustton der Überzeugung geschworen habe: „Jesus! Ich werde niemals von deiner Seite weichen. Selbst wenn alle anderen dich verlassen. Ich nicht. Ich bin treu."

Überheblich war das. Arrogant. Selbstgefällig. Aber ich war in diesem Moment völlig von dem überzeugt, was ich da von mir gab. Darum habe ich auch noch die Beteuerung nachgeschoben: „Selbst wenn ich sterben müsste – ich werde mich nie von dir abwenden, Jesus."

Und wieder habe ich nicht richtig zugehört. Als der Menschensohn sagte, ich würde ihn noch vor dem Krähen des Hahns dreimal verleugnen, da meinte ich hochmütig, das sei wieder eines dieser kryptischen Gleichnisse, mit denen er so gerne um sich warf. Ein rätselhaftes Bildwort; so wie die merkwürdigen Geschichten von den Senfkörnern, dem Sauerteig, den Jungfrauen, dem Schaf oder dem Schatz im Acker. Aha, diesmal also: Wenn der Hahn kräht, dann…

Ich hörte nur, was ich hören wollte. Und diese Prophezeiung wollte ich ganz gewiss nicht hören.

Ich fühlte mich an diesem Abend viel zu stark.

So stark, dass ich auch bei seiner Verhaftung das Schwert zog und nicht zögerte, die bewaffneten Männer anzugreifen, die ihn wegführen wollten.

So stark, dass ich es mutig wagte, in den Innenhof des Palastes vorzudringen, um herauszufinden, was sie mit Jesus vorhatten.

Und soll ich euch etwas sagen: Noch als ich den von Lagerfeuern übersäten Platz betrat, war ich der festen Überzeugung, Jesus würde sich aus dieser Situation elegant herauswinden. Er, der so oft die klügsten Gelehrten mit seinen unwiderstehlichen Argumenten zum Schweigen gebracht hatte, er, der über Stürme, Meere und Krankheiten gebot, er, der Tote auferweckt hatte. Was konnten ein Statthalter und einige aufgebrachte Geistliche schon gegen den Sohn Gottes ausrichten?

Unauffällig setzte ich mich mit an eine der Feuerstellen, um die Gespräche zu belauschen, die dort geführt wurden.

Doch dann…

Dann…

…wenn ihr euch nur vorstellen könntet, wie peinlich es mir ist, euch das zu erzählen…

Dann…

Dann sprach mich eine Magd an. Eine, die für den Hohepriester arbeitet. Sie kniff im Halbdunkel die Augen zusammen und deutete mit dem Finger auf mich: „Du da! Du warst doch auch mit diesem Nazarener zusammen!"

Ich war wie gelähmt. Fort war all mein Mut. Mein Übermut. Mein Selbstvertrauen.

Ich hielt den Atem an.

Schluckte.

Und raunzte sie an, wieder ohne ausreichend nachzudenken: „Ich habe keine Ahnung, wovon du redest."

Daraufhin sprang ich auf, drehte mich um und lief rasch zum Ausgang.

Doch das garstige Weib erhob sich ebenfalls und folgte mir. Wie ein Schatten. Wollte sich an mir vorbeidrängen, um meine Gesichtszüge genauer anschauen zu können. Fast wäre ich gestolpert, weil sie so nah bei mir war.

Kurz bevor ich das Tor erreichte, hörte ich sie rufen. In einer Lautstärke, dass es nun jeder im Hof mitbekommen musste. Auch die Soldaten. „Hey, der da, dieser Typ, der gehört zu dem komischen Prediger, der gerade verhört wird."

Was machte ich? Ich rief genauso laut: „Nein! Das stimmt nicht!"

Nun drehten endgültig alle Leute ihre Köpfe herum und starrten mich an – das Flackern der Flammen in ihren Antlitzen. Einige legten die Hand ans Schwert. Und einer, ein hässlicher Kerl mit nur einem Auge, hustete: „Klar bist du einer von denen. Du stammst auch aus Galiläa. Das hör ich an der Art, wie du redest."

Verzeiht mir … verzeiht mir, meine Geschwister … und achtet nicht auf meine Tränen …

Wo war ich?

Genau? Als der Einäugige mich beschuldigte.

Ich … ich habe einfach vor lauter Erschrecken nur noch geflucht. Grob und brutal. Ordinär. Dann aber habe ich mich aufgerichtet und einen öffentlichen Eid geleistet: „Ich kenne diesen Mann nicht, von dem ihr redet."

Ihr wisst, welche Art Schwur ich meine: So einen, wie man ihn vor dem Gericht ablegt, wenn man einer religiösen Verfehlung angeklagt ist. Ja, ich habe öffentlich gegen Jesus gezeugt. Habe ihn verleugnet. Ihn verneint. Und nur deshalb haben sie mich laufen lassen. Den Unwürdigen. Den Zerbrochenen.

Als ich beschämt davonrannte…was hörte ich da? Den Ruf des Hahns. Ein Kikeriki aus Spott und Verderben.

„Wer mein Jünger sein will, der verleugne sich selbst." Das hat Jesus gepredigt. Doch ich habe nicht mich, sondern ihn verleugnet. Habe ihm abgeschworen. Ich, der großmäulige, verblendete Idiot.

Andererseits…andererseits: Ein Meineid war es nicht. Nicht wirklich! Denn kannte ich ihn? Jesus?

Kannte ich den Mann, der aus Liebe zur Welt sterben wollte?

NEIN!

Ich fürchte, dass ich vor lauter Angst genau das ausgesprochen habe, was ich – mir nicht bewusst – ohnehin spürte: Ich kenne diesen Mann gar nicht. Ich begreife seinen Aufruf zur Demut und zur Erniedrigung nicht. Sein Wesen ist mir fremd. Alles in mir sträubt sich gegen einen Gott, der sich opfert. Was soll das?

Meine Sünde, ihr Jünger, war nicht, dass ich gelogen, sondern, dass ich die Wahrheit gesagt habe.

Da hilft es auch nichts, noch so oft Bekenntnisse hinauszuposaunen – wenn sich das Geheimnis des Menschensohns mir nicht erschließt, dann…hat alles keinen Sinn mehr.

Genau das habe ich bei der Konfrontation zugegeben… zugeben müssen: „Ich kenne diesen Mann nicht."

Es tut mir so leid…

Ich kann nachvollziehen, wenn ihr mich jetzt hasst. Aber ihr werdet verstehen, dass ich nicht länger euer Anführer bleiben möchte.

Jesus hat uns immer gelehrt, dass einem, dessen Glaube

größer ist als seine Angst, alles möglich ist. Aber meine Angst war…und bleibt vermutlich auch größer als mein erbärmlicher Glaube. Leider. Viel größer sogar.

Darum bin ich nicht würdig, in der Reihe von Jesu Nachfolgern eine bedeutende Rolle zu spielen. Ihr braucht einen, dem alles möglich ist, nicht einen, der unmöglich ist.

Was soll ich euch noch sagen?

Unser Rabbi hat sich offensichtlich geirrt, als er prophezeite, die Tore des Hades, die Pforten des Totenreichs, könnten mich als Fundament seiner Kirche nicht überwinden. Sie haben mich überwunden. O ja, das haben sie. Die Angst vor dem Sterben war stärker als mein Glaube. Sie hat mich einstürzen lassen.

Ach, hör doch auf, Johannes. Das hat Jesus bestimmt nicht gemeint, als er von Nachfolge sprach: dass wir auch so schwach werden sollen, wie er es am Kreuz war. Das wäre lächerlich.

Und wenn du, Jakobus, wirklich denkst, dass man nicht jedes Geheimnis Gottes ergründen muss, dann lass dir gesagt sein: Ich möchte durchschauen, was ich glaube.

Sagen wir ehrlich, wie es ist: Ich habe versagt. Weil ich Jesus nicht wirklich kennengelernt habe. Es ist aus und vorbei. Das müssen wir akzeptieren. Ihr. Und ich. Ich habe das Maul zu weit aufgerissen, viel zu weit – und meine verdiente Strafe bekommen.

Schluss damit, Johannes. Ja, du magst recht haben, dass ich jetzt erst weiß, was es bedeutet, sich selbst zu verleugnen, aber das macht meine charakterlose Tat nicht ungeschehen.

Wenn ich geschwiegen hätte…damals, als Jesus mich

ansprach und mich fragte, wer er ist…wenn ich geschwiegen hätte, als mein nimmermüdes Mundwerk wieder einmal alles und jeden kommentieren musste…vielleicht wäre dann alles anders gekommen…vielleicht hätte dann die Wahrheit genug Zeit gehabt, die starren Bilder in mir zu überwinden…

…und vielleicht hätte dann das Leben über den Tod gesiegt…und nicht der Tod über das Leben…wie es in dieser Nacht geschehen ist, als der Schrecken des Hades meinen Glauben entlarvte…als das entlarvte, was er war…ein schöner Traum von der Größe Gottes…kein Ergriffen-Sein von der Liebe Gottes…

Ist ja jetzt auch egal. Vielleicht ist es das Beste, wenn ihr aus eurem Kreis heraus jetzt sofort einen Nachfolger für mich wählt. Wie gesagt: Ich schlage Jakobus oder Johannes vor…

Ein letztes noch…

Äh … Augenblick mal, ihr Frauen. Was fällt euch ein?

Ihr kommt hier einfach reingestürmt, während wir Männer über sehr ernste Dinge sprechen. Ihr habt ja nicht mal angeklopft.

Also wartet bitte…

Was?

Ich soll einfach mal die Klappe halten? Jetzt hört aber alles auf. Was erlaubt ihr…

…

Das…das…das ist nicht euer Ernst…

Was?

Ihr wart dort…und:

Das Grab ist leer!

EINE HAARIGE
ANGELEGENHEIT

**Simson an der
Tempelsäule
von Aschdod**

Knabe! Lass mich ausruhen.

Du hörst es ja: Dein Volk hat offenbar lange genug seinen Spott mit mir getrieben. Jetzt grölen die Männer und Frauen zur Gittit. Nein, sie singen. Nicht schön, aber laut. Trunken und ausgelassen. Das grobe Lied, in dem sie beschreiben, wie sie mich überwältigt und geblendet haben. Mich, den lange Zeit Unbesiegbaren.

Sie haben höhnisch gelacht und vor lauter Häme gespuckt. In mein Gesicht. In meine stumpfen Augen, denen sie das Licht geraubt haben. Sie haben mich, ihren Gefangenen, gehänselt, zum Narren gemacht und der Lächerlichkeit preisgegeben. Doch es scheint, als ob jetzt ausreichend Schmach über mich ausgegossen wurde. Zumindest für diesen Augenblick.

Knabe. Führ mich zur Seite. Lass mich die Säulen betasten, auf denen der Tempel ruht. Dort will ich mich einen Moment anlehnen. Die Doppelkette um meine Hände ist schwer. Verdammt schwer.

Sag mir: Wie alt bist du? 14 Jahre? 16? 20?

Was ist? Hat man dir verboten, mit mir zu reden? Vermutlich.

Gut, dann sagst du mir halt nicht, wie alt du bist. Ist auch nicht so wichtig. Mich interessiert ohnehin etwas…etwas ganz anderes…Hast du schon einmal bei einer Frau gelegen?

Komm, sprich! Ich höre an deinem leisen Keuchen, dass du sehr wohl weißt, wovon ich rede. Also, wie war es? Wie war sie?

War sie anmutig? Haben deine Hände ihre Brüste gewogen wie reife Früchte? Haben sich ihre Brustwarzen zu deinen Ehren feierlich aufgerichtet? Bist du im beflaumten Tal der Freude auf die Feuchtigkeit gestoßen, die zur Quelle unerschöpflicher Lust werden kann? Hat sie laut ausgeatmet, als ihr ineinander versunken seid?

Ist dir das peinlich, wenn ich so rede? Das muss es nicht. Frauen sind ein Geschenk Gottes.

Und seine grausamste Prüfung. Glaube mir!

Hast du vernommen, wie stark ich früher war? Sicherlich. Einmal habe ich 1000 Philister mit dem Kieferknochen eines Esels erschlagen. Einen nach dem anderen. So stark war ich, junger Mann.

Und doch so schwach.

1000 Männer deines Volkes konnte ich überwinden. Aber nicht meine Gier nach Frauen. Meine Gier nach ihren Körpern. Meine unersättliche Gier nach der Weichheit ihrer Mitte. Nach der Lust, die sie mir bereiteten. Nach ihrer Zuneigung.

Wenn du wüsstest, wie ich mich dafür schäme! Aber was bringt es? Gar nichts. Es ist, wie es ist: Den Kampf meines Lebens habe ich nicht gegen Krieger verloren, sondern gegen meine Lust. Weil ich sie einfach nicht in den Griff bekam.

All die Jahre fühlte ich mich, als wohnte eine Macht in meinem Unterleib, die mir die Sinne vernebelte. Die mein

Denken unaufhörlich wegführte von dem, was mir aufgetragen war... es andauernd überspülte mit einer Flut betörender Bilder: weit gespreizte Schenkel, von Schweiß glänzende Haut und verlockende Öffnungen, in die sich meine Männlichkeit ergießen wollte. Immer und immer wieder.

Ja, nicht ich habe meine Lust beherrscht, meine Lust hat mich beherrscht. Und so war ich nie Herr meiner selbst. Niemals frei. Das war wohl auch der Grund, warum mein Gott seine segnende Hand von mir genommen hat.

Nein, er nahm sie nicht von mir, ich habe sie weggestoßen. Weil es mir wichtiger war, meine Lust zu befriedigen als die seine.

Liebe die Frauen, Knabe, aber lass es nicht zu, dass ihre herrlichen Rundungen Macht über dich bekommen. Denn es ist nicht nur dein Glied, das sich angesichts einer begehrenswerten Frau aufrichtet und wie ein Pfeil auf sie zeigt, es ist auch dein Herz, das mit aller Gewalt zu ihr gezogen wird. Das sich selbst an die Kette legt.

Und ein Mann wie ich, der eben noch einen wilden Löwen mit der bloßen Hand erwürgt hatte, wurde unsicher und schwächlich, als es darum ging, eine Frau zärtlich zu umarmen.

O ja. Wer ich bin und was ich gelte, das habe ich niemals an der Zahl meiner besiegten Gegner gemessen, sondern allein daran, ob eine Schöne mir Zugang gewährte. Ob sie mich aufnahm oder nicht. Ob sie mich annahm.

Es mag wundersam klingen, aber: Wurde ich eins mit ihr, dann wurde ich auch eins mit mir. Ja, ich erkannte mich in ihr. Wenn ich sie erkannte, erkannte ich mich. Versagte sie mir aber ihren Körper, dann blieb auch ich mir fremd.

Und so suchte ich täglich wie ein Verdurstender die Bestätigung meiner selbst in der Bestätigung durch ihre Zuneigung. Durch ihr Zulassen. Durch ihr Seufzen.

Wirklich, erst das lustvolle Stöhnen einer Frau machte mich zum Mann. Blieb es aus, dann konnte ich noch so viele Heldentaten vollbringen, ich wurde kein Held. Zumindest glaubte ich es mir nicht.

„Er lag bei den Huren…" Hörst du, wie sie singen. Es stimmt. Ich bin zu Huren gegangen. Regelmäßig. Auch in den 20 Jahren, in denen ich als Richter im Volk Israel für Ruhe und Ordnung gesorgt habe. Warum soll sich ein Mann keine Anerkennung kaufen, wenn er sie anderweitig nicht bekommt?

Natürlich wusste ich, dass sich das für einen Nasiräer nicht gehört. Weißt du, was das ist, ein Nasiräer? Nein? Dann lass es mich erklären: Ich gehöre zu einer speziellen Sorte Mensch, die ihrem Gott einen Eid geschworen hat: Als Zeichen unserer Hingabe werden wir niemals Alkohol trinken und niemals unsere Haare schneiden. Gottesmänner sind wir. Sollten wir zumindest sein.

Aber ganz ehrlich: Ich diente nicht Gott, sondern der Lust.

Einmal, als ich in Gaza in einem Hurenhaus weilte, lauerte man mir auf und wollte mich töten. Da, jetzt singen sie gerade davon…davon, wie ich an jenem Abend aus lauter Wut die riesigen Flügel des Stadttors mitsamt der Pfosten aus ihrer Verankerung gerissen habe und sie auf einen Berg brachte. Als Beweis meiner Unbesiegbarkeit. Als Beweis meiner Stärke.

Von diesem Tag an versuchten deine Leute, die Philister, das Geheimnis meiner Kraft zu ergründen. O ja. Das wollten sie. Ich habe später sogar erfahren, dass sie damals Botschafter aussandten, die heimlich Informationen über mich einholen sollten.

Nun, diese Spione fanden schnell heraus, dass ich eine Schwäche für Frauen hatte. Eine Blöße. Und nicht nur das: Sie erfuhren auch, dass es einer Frau vor vielen Jahren schon einmal gelungen war, mir ein Geheimnis abzuringen – indem sie ihren Körper einsetzte. Meiner ersten Frau.

Das wird in eurem Spott-Lied nicht erzählt. Aber ich kann dir berichten, was geschah. Hör gut zu, Knabe.

Wir hielten damals in Timna unser siebentägiges Hochzeitsgelage. Ein prächtiges Mädchen und ich. Nur hatte ich in meinem Übermut am ersten Abend die Familie meiner Frau herausgefordert, indem ich ihr ein Rätsel gestellt hatte. 30 Festgewänder waren der Einsatz. Und natürlich ging es um die Ehre.

„Vom Esser ging Essen aus und vom Starken ging Süßes aus."

Das war mein Rätsel. Hättest du die Lösung gewusst? Nun, die Verwandten meiner Frau wussten sie auch nicht. Kamen sich ziemlich dumm vor. Bloßgestellt.

Was wurden sie zornig! Liefen rot an vor Wut. Drohten nach einigen Tagen, das Haus mit allem Vieh niederzubrennen, wenn man sie weiterhin so demütigen würde.

„Vom Esser ging Essen aus und vom Starken ging Süßes aus."

Was war damit wohl gemeint? Meine Frau flehte mich ebenfalls an, ihr die Lösung zu sagen, sie weinte und bettelte, doch ich wollte nicht. Sie gehörte ja jetzt zu mir, nicht mehr zu ihren Verwandten. Doch mir war klar, dass sie der Familie alles verraten würde.

Da passierte das für mich Unvorstellbare: Auf einmal verweigerte sie sich mir. Verweigerte das gemeinsame Lager. Nach nur drei Tagen ehelicher Gemeinschaft.

Aber es wurde noch wüster. Sie kam nämlich trotzdem jede Nacht in mein Zelt. In dünnste Schleier gehüllt – und erzählte mir mit gehauchter Stimme, was sie alles mit ihren geschickten Fingern, ihrer Zunge und ihrem zarten Garten der Lust mit mir anstellen würde, wenn ich mich ihr nur offenbaren würde. „Bitte, sag's mir...du wirst es nicht bereuen."

Was ich schließlich tat. Vor lauter Gier. Vor lauter Verlangen. Weil meine Lust größer war als mein Ehrgeiz. Viel größer. Ja, für mich war das ganze Rätsel ohnehin nur ein Spiel gewesen.

Also keuchte ich: „Vom Esser ging Essen aus und vom Starken ging Süßes aus. Damit meine ich den Löwen, den ich kürzlich erlegt habe. Als ich seinen Kadaver noch einmal besuchte, hatte ein Bienenschwarm darin ein Nest gebaut, aus dem ich süßesten Honig holte. So...und jetzt komm!"

Die Nacht, die sie mir nach dieser Enthüllung schenkte, war die Schadenfreude der Verwandtschaft wert.

Die ganze Geschichte ging dennoch übel aus. Denn als ich mit den 30 Gewändern, meiner Wettschuld, zurückkehrte, hatte mein Schwiegervater meine Gefährtin in der Zwischenzeit einem seiner Gesellen zur Frau gegeben.

Empört fing ich daraufhin 300 Füchse, band jeweils zwei mit einer Fackel am Schwanz zusammen und trieb sie durch die trockenen Felder des Philisterlandes, die so breitflächig abfackelten, dass man die Flammen noch in Jaffa sehen konnte. Die Glut dieses Brandes vernichtete aber auch die Familie meiner Frau, der man die Verantwortung für das Unheil zuschrieb. So wurde eine Nacht für uns alle zum Verhängnis. Auch für mich.

Oh ja, denn 20 Jahre später erzählte einer der wenigen Überlebenden des Unheils euren Boten davon – und nun wussten eure Fürsten, wie sie mich überlisten und das Geheimnis meiner gigantischen Kräfte lüften konnten.

Knabe? Bist du noch da? Natürlich bist du noch da. Wer hat schon die Verwegenheit, eine Geschichte zu verlassen, ehe sie zu Ende erzählt ist? Das wirst du bald selbst feststellen: Gute Geschichten sind wie die Liebe. Man sollte sich nicht zurückziehen, bevor der Höhepunkt erreicht ist.

Da! Hörst du? Jetzt singen sie die widerlichste aller Strophen. Sie singen von den 1100 Silberlingen, die jeder Fürst der Philister meiner Delila versprach, wenn es ihr gelingen sollte, meine Stärke zu ergründen. Wie widerwärtig. Erst durch euer garstiges Lied habe ich überhaupt erfahren, dass sie ihre Liebe verkauft hat.

Delila. Die betörendste Frau im Tal Sorek. Die Frau, deren Wollen ich mir mehr wünschte als alles andere auf der Welt. Deren Begehren ich begehrte. In deren Armen ich nach all den Jahren bei den Huren endlich Frieden finden wollte.

Denn die körperliche Liebe ist doch nichts anderes als ein Zeichen, Knabe. Ein magisches Zeichen für das Eingelassenwerden ins Leben. Ins Allerheiligste. Ins Vertrauen.

Für mich jedenfalls war es so. Wahrhaftig. Eine Frau konnte mir noch so oft schwören, dass sie mich liebte. Sie konnte noch so inniglich beteuern, dass sie mich achtete und ehrte – ich glaubte ihr erst, wenn sie den Schwur mit ihrem Körper besiegelte. Wenn wir miteinander verschmolzen.

Auch wenn du das nicht für möglich hältst: Es ist nicht der Akt allein, der uns Männer verlockt. Es ist die Sehnsucht nach Verbundenheit. Und erst, wenn eine Frau sich uns körperlich hingibt, glauben wir, dass es auch ihre Seele tut. Als könne die Seele sich nur durch heisere Laute der Wollust äußern.

Warum bin ich immer wieder auf Delila hereingefallen? Das will ich dir sagen: Weil ich ihr so gerne vertrauen wollte. Weil ich dachte, sie wäre der Mensch, gegen den ich nicht kämpfen muss. Weil ich hoffte, in ihr das Ja zu mir zu finden, das alle Neins in mir überwinden würde.

Das erste Mal, als sie mich aushorchte, lag sie gerade nach einem beglückenden Liebesspiel in meinen Armen. Eine Zeit, in der wir Männer sehr vertrauensselig sind. Tja, ich weiß noch: Dort, wo ihre Wange meine Brust berührte, sammelte sich der Schweiß. Unser beider Schweiß, der warm ineinander lief. Sie strich mit ihren Finger durch meine Brusthaare und sagte zärtlich: „Simson, wir beide haben doch keine Geheimnisse voreinander. Sag mir, worin deine große Kraft liegt. Womit kann man dich binden, wenn man dich bezwingen will?"

Es klang wie ein Liebesflüstern. Wie das selige Austauschen intimer Gedanken, das die Lebensgeschichten zweier Verliebter miteinander verwebt. Wie eine Einladung zum Eins-Werden. Also sagte ich: „Wenn man mich mit sieben Seilen aus Bast festbindet, die noch nicht ganz getrocknet sind, dann werde ich schwach wie jeder andere Mensch."

Da küsste sie mich auf die Brust.

In einer der nächsten Nächte band sie mich tatsächlich mit solchen Seilen fest – und schrie dann mitten in der Dunkelheit, die über dem mondlosen Land lag: „Achtung, Simson: Die Philister kommen!"

Erschrocken fuhr ich hoch. Und zerriss dabei die Bast-Seile wie eine Flachsschnur, die ins Feuer fällt. Denn ich hatte ihr aus Treue zu Gott nicht die Wahrheit gesagt. Mein Gelübde verbot mir, andere in das Mysterium einzuweihen.

Bevor ich aber überhaupt realisieren konnte, dass sie tatsächlich versucht hatte, mir die Kraft zu rauben, fing sie an zu weinen. Große, kullernde Tränen. „Du hast mich belogen, Simson. Du hast MICH belogen. Ja, du hast mich getäuscht. Hinterhältig. Das begreife ich einfach nicht. Bedeute ich dir so wenig?"

Direkt darauf fauchte sie: „Fass mich nicht an!"

Also erklärte ich zerknirscht: „Die Wahrheit ist: Wenn man mich mit frischen Seilen festbindet, die noch nie für eine Arbeit verwendet wurden, dann werde ich schwach wie jeder andere Mensch."

Da lächelte sie, streifte ihr Gewand über den Kopf und kam zu mir. Zärtlich und fürsorglich. Ganz meine Delila.

Noch bevor die Sonne aufgegangen war, hatte sie jungfräuliche Stricke besorgt und mich erneut gebunden. Und wieder ertönte im Zelt der Warnruf: „Achtung, Simson: Die Philister kommen!" Woraufhin ich auch dieses Mal aufsprang und die Fesseln abwarf, als wären es morsche Bindfäden.

Meine Augen gewöhnten sich eben noch an das Dämmerlicht, als sie schon schrie: „Du treuloser Schuft. Das war ebenfalls eine Lüge. Wie soll ich dir jemals vertrauen, wenn du mir nie die Wahrheit sagst? Und wie soll unsere Liebe stark werden, wenn du mir nicht vertraust? Merkst du eigentlich, dass du gerade dabei bist, alles kaputt zu machen? Jetzt hast du mich schon zum zweiten Mal hintergangen."

Ihr unerwarteter Ausbruch sorgte dafür, dass ich mich

unendlich schuldig fühlte. Böse. Lasterhaft. Offensichtlich war ich derjenige, auf den man sich nicht verlassen konnte. Ein mehr als schmerzhafter Vorwurf von Delila, weil ich doch alles tun wollte, um von ihr geliebt zu werden. War ich möglicherweise dabei, ihr Vertrauen endgültig zu verspielen?

Also sagte ich: „Wenn du die sieben großen Strähnen meiner Haare in den Stoff einwebst, den du gerade auf dem Webstuhl bearbeitest, und das Ganze mit einem Pflock festmachst, dann verliere ich meine Kraft."

Natürlich hätte ich ahnen können, dass sie auch dies in die Tat umsetzen würde. Insofern kann ich selbst nicht erklären, warum ich sie noch ein drittes Mal getäuscht habe. Vermutlich, weil da noch ein Rest Widerstand in mir war. Der verblassende Wunsch, das Vertrauen auf Gott möge belastbarer sein als meine Sehnsucht, Delila gewinnen zu können. Wie absurd.

Als nun zum dritten Mal der Ruf „Achtung Simson: Die Philister kommen!" ertönte, riss ich mit meinem Kopf den gesamten Webstuhl auseinander, dass es nur so krachte und die Trümmer und Fetzen wild umherstoben.

Ich fing an zu lachen, als wäre das ganze ein Spaß. Ein neckisches Balgen zweier vertrauter Liebender.

Doch sie verließ wortlos das Zelt.

Das war für mich verstörender als alle ihre Worte zuvor. Als ich sie einholte, sah sie mich nicht an. Nur ihre Stimme hallte flehentlich in die Nacht: „Wie kannst du sagen, dass du mich liebst, wenn du mich immer und immer wieder belügst? Wäre dein Herz wirklich bei mir, dann hättest du mich nicht dreimal hintereinander so verletzt. Ich kann dir nicht mehr glauben."

Ja. Natürlich hätte ich klug sein müssen. Ich hätte merken müssen, dass nicht ich der Betrüger bin, sondern sie. Ich hätte ihren Verrat durchschauen müssen. Dass sie mein Verlangen missbrauchte.

Hätte. Hätte. Hätte.

Aber ich war zu schwach. Sag mir: Was nutzen die Kräfte eines Bären, wenn man die Seele eines Hasen hat? Nichts. Rein gar nichts.

Und warum hatte ich die Seele eines Hasen? Weil ich Gott nicht mehr vertraute. Darum war meine Schlacht auch schon verloren, bevor ich mich Delila anvertraute. Mein Leben aus lauter Hoffnung einer Frau übergab, die nicht für mich, sondern gegen mich war.

Tagelang mied sie mich damals. Wich mir aus. Fing an, ihre Sachen zu packen. Lies mich spüren, dass ich es in der Hand hatte, ob sich unsere Wege trennten – oder ob sie mir in der nächsten Nacht wieder zu einer Quelle der Lust werden würde.

Und meine Seele wurde sterbensmatt. Es sollte nicht an mir liegen, dass diese Liebe sich entliebte. Am Ende redete ich mir ein, dass es wahrhaftig mein Misstrauen war, dass uns entzweite. Würde ich mich ihr endlich ganz und gar offenbaren, dann stand nichts mehr zwischen uns – und dem Glück.

Ich gestand ihr, zitternd, die Wahrheit: „Es ist nie ein Schermesser auf mein Haupt gekommen; denn ich bin ein Geweihter Gottes von Mutterleib an. Würde ich geschoren, dann wiche alle Kraft von mir."

Am Ende dieser Nacht lag mein Kopf in ihrem Schoß. Eingebettet in die süßlichen Gerüche unserer Verbundenheit. Ich dachte, jetzt wären wir eins.

„Achtung, Simson: Die Philister kommen!"

Wieder lachte ich. Sie, die gerade Zugang zu den heiligsten

Stätten meines Seins erhalten hatte, wollte mich sicherlich foppen. Ich würde mich losreißen wie zuvor und dann mit ihr das nächste Liebesspiel beginnen.

Doch dann sah ich den Philister vor mir. Mit einem gehässigen Grinsen. In der einen Hand ein Messer…und…in der anderen: die sieben Locken meines Hauptes.

Der Herr war von mir gewichen.

Sofort waren sie über mir. Banden mich. Stachen mir die Augen aus. Und brachten mich nach Gaza ins Gefängnis, in dem ich seither jeden Tag die Mühle drehen muss. Seit Monaten.

Ob ich Delila verfluche?

Ja.

Oder nein.

Ich kann es nicht sagen.

Vor allem verfluche ich mich. Meine Abhängigkeit von ihren Küssen, die mich so verwundbar gemacht haben.

Doch das ewige Im-Kreis-Gehen hat mich zur Vernunft gebracht. Jetzt weiß ich wieder, worum ich mich drehen sollte.

Sag, Knabe: Sind das hier wirklich die beiden Mittelsäulen, auf denen der gesamte Tempelbau ruht?

Und sind zum großen Opferfest für euren Gott Dagon, den Vater Baals, mehr als 3 000 Philister gekommen, wie der König vorhin behauptete? 3 000 Philister, die jetzt hier in eurem Heiligtum feiern?

Kannst du dir vorstellen, was passiert, wenn der Tempel einstürzt, weil jemand diese tragenden Säulen niederreißt?

Wahrscheinlich fragst du dich, wer eine solche Kraft besitzen sollte.

Dann schau mich an. Fällt dir etwas auf?

Sie sind nachgewachsen.

Was?

Na, meine Haare.

Und so rufe ich, hier im Tempel Dagons, zu meinem Gott: „Herr, Herr, denke an mich und gib mir Kraft, Gott, noch dies eine Mal..."

AM ANFANG DES REGENBOGENS

Noah im Gespräch mit der weißen Taube

Putt…putt…putt…komm her, mein Täubchen. Hab keine Angst. Sieh mal, ich habe Körner für dich…leckere Körner…

Lass uns einen Handel machen…du bekommst die Körner…ich bekomme dafür das, was du da im Schnabel hältst…

Ja, das möchte ich mir gerne näher ansehen…

So ist brav…

Wie wunderbar! Er ist grün! Er ist wahrhaftig grün!

Nein, erschrick nicht. Das war nur ein Sprung aus Freude. Und aus Dankbarkeit. Sieh mal! Das, was du mitgebracht hast…das ist ein Ölzweig.

Und zwar ein grünender Spross, kein von den Wogen abgerissenes Ästchen, das schon seit Ewigkeiten in den schäumenden Meeren treibt. Nein, es ist ein frischer Zweig. Grün und saftig. Welch ein Segen!

Irgendwo da draußen steht jetzt ein Ölbaum. Auf festem Grund. Das heißt: Die Wasser gehen zurück. Endlich. Nach fast einem Jahr. Die Sintflut weicht, und es beginnt der Neuanfang.

Neuanfang. Wie das klingt. Noch einmal den Versuch wagen, eine Welt aufzubauen. Ganz von vorn. Doch diesmal eine, die nicht im Chaos versinkt. Diesmal eine, in der das Leben gefeiert wird.

Danke, kleiner Vogel. Du hast mich gerade sehr glücklich gemacht. Ich werde gleich hineingehen und es den anderen sagen. Was für ein schöner Anblick: dein helles Gefieder vor dem blauen Horizont...

O, mein Gott!

Da!

Puh...und da! Noch eine...

Ich kann mich an diesen Anblick einfach nicht gewöhnen. Wenn wieder einmal Leichen vorbeitreiben, mit aufgerissenen, glasigen Augen, hochgewirbelt von den Urfluten, angefressen von Raubfischen...mir scheint es dann immer, als schauten mich die aufgedunsenen Gesichter klagend an. Anklagend. Vorwurfsvoll.

Aber was hätte ich denn machen sollen? Gottes Worte waren unmissverständlich. Als er von mir forderte, eine Arche zu bauen, da hörte ich in seiner Stimme das Leid von Äonen. Die Trauer darüber, dass sein Schöpfungsexperiment derart misslungen war. Gescheitert.

Ja, Gott war gescheitert. Am Menschen.

Wohin der Höchste auch schaute: Denken, Fühlen, Handeln, ja, selbst das Wollen der Menschen war dunkel. Ein einziger Frevel gegen den Odem des Himmels. Durch und durch. Keiner fragte mehr, was dem Leben dient. Keiner. Weil sie nicht mehr hören wollten, dass nicht alles, was einem Einzelnen dient, auch dem Ganzen zugute kommt.

Gott wollte die Menschen vertilgen. Reinen Tisch machen.

Einen neuen Versuch starten, seine Welt zu erschaffen. Doch eine, die ihn nicht reuen musste. Diesmal nicht. Bitte nicht.

Und darum schickte er die mörderischen Wogen, vom Himmel und aus den Tiefen. Darum öffnete er die Pforten der Erde, dass das von ihm einst gebändigte Urmeer zurückkehren konnte. Ja, er stellte den Zustand wieder her, der zu Beginn des ersten Schöpfungstages geherrscht hatte.

„Am Anfang war die Erde wüst und leer, und es war finster auf der Tiefe; und der Geist Gottes schwebte auf dem Wasser." Jetzt schwebt er wieder. Und wir. Wir schweben auch auf dem Wasser. In dieser riesigen Kiste aus Gopherholz. Wir sind sein Geist...

Möchtest du noch ein paar Körner. Hier, nimm.

Ich weiß nicht, warum Gott meine Familie und mich verschont hat. Bin ich denn wirklich reiner als die anderen? Bestimmt nicht. Dass er mich erwählte, war seine Entscheidung. Nichts, was ich verdient hätte. Nur dass ich ihm vertraute... das mag mich ausgezeichnet haben. Ja, ich vertraute ihm. Grenzenlos.

Darum habe ich ja auch diese Arche gebaut. Als er mir sagte: „Fälle Zypressen und mache einen Kasten des Lebens. Dreihundert Ellen lang, fünfzig Ellen breit, dreißig Ellen hoch. Drei Stockwerke soll sie haben, mit vielen Kammern." Ein Irrsinnswerk.

Ich habe gehorcht.

Dann forderte er mich auf, das Überleben der Tiere zu sichern. „Bring von allen Tieren je ein Paar, Männchen und Weibchen, in die Arche, damit sie mit dir die Vertilgung überstehen."

Ich habe gehorcht.

Dann begann der Regen. Und Gott gebot mir, mit meiner Familie und den Schwiegertöchtern in die Arche zu gehen – die Schreie der Sterbenden da draußen schweigend zu ertragen. Und ihnen nicht zu Hilfe zu eilen.

Ich habe gehorcht.

Ich habe gehorcht, weil ich ein Vertrauter Gottes bin.

Aber war es richtig?

Waren diese Gräuel der einzige Weg, das Unheil zu beenden?

Brauchte es wirklich 40 Tage Regen, 150 Tage steigende Fluten, und dann 150 Tage Absinken des Wasserpegels durch heiße Winde? Brauchte das die Welt?

Meinst du, Täubchen, ich hätte mit Gott verhandeln müssen? Energisch. Und unmissverständlich. Weil „Vertrauter" ja nicht nur bedeutet, dass man Befehle ausführt, sondern dass man miteinander reden kann. Hätte ich das tun sollen?

Warum erzähle ich dir das, du kleiner, weißer Vogel? Du Symbol der Reinheit und des Friedens?

Ich denke, ich weiß es: Weil so, wie Gott sich verhält, niemals Frieden sein wird.

Noah heiße ich, der, „der zur Ruhe findet". Aber es wird keine Ruhe geben, wenn Gott so weitermacht. Niemals. Jedenfalls nicht, wenn er den ewigen Kreislauf beibehält:

Sünde!

Entdeckung!

Strafe!

Sünde. Entdeckung. Strafe. Immer das Gleiche.

Aber hat dieser Weg die Menschheit geläutert? Nein. Nicht

einmal ein wenig. Im Gegenteil. Am Ende musste sie vernichtet werden. Begreifst du, was das bedeutet? Gott ist nicht nur mit seiner Schöpfung grandios gescheitert, sondern auch mit seiner Erziehung.

Meinst du, ich kann ihm so etwas sagen?

Oder vertilgt er mich dann auch?

Ich weiß nicht, ob ich dir das erklären kann, aber mir scheint, die Menschen werden nicht besser, wenn man sie bestraft. Schon gar nicht, wenn man sie vernichtet.

Vor allem: Was ist, wenn es wieder schiefgehen sollte? Wird Gott dann noch einmal von vorne anfangen? Und noch einmal? Und noch einmal? Wird er beim nächsten Mal eine brüllende Feuersbrunst schicken? Oder ein tückisches Erdbeben? Werden die Vulkane Lava speien? Oder löscht dann eine tödliche Krankheit das Fleisch auf der Erde aus?

Nein, der Kreislauf von Sünde, Entdeckung und Strafe ist ein Fehler. Er muss durchbrochen werden.

Gott selbst muss ihn durchbrechen.

Er soll... ja, was soll er?

Nun, er soll...

Gnade... walten lassen.

Gnade! Was für ein reiches Wort.

Weil Gnade Hoffnung schenkt.

Zukunft. Und Zutrauen.

Ein gnädiger Gott müsste er sein, damit die Gestürzten den Mut finden, wieder aufzustehen.

Hätte ich ihm das sagen sollen, als der Regen anfing zu fallen? Und hätte er wohl auf mich gehört?

Ich weiß es nicht. Aber vielleicht ist es ja noch nicht zu spät.

Warte mal...

Stell dir vor, ich würde diese Axt hier nehmen und mich vor Gott hinstellen. Mit ausgestrecktem Arm. Mit hochgereckter Waffe.

„Höre mich, Herr! Du willst die Welt noch einmal erstehen lassen. Dann mach nicht die gleichen Fehler wie das letzte Mal.

Sei fortan ein gnädiger Gott.

Darum bitte ich dich.

Nein, mehr noch: Ich erwarte es.

Ja, ich erwarte es...und wenn du mir keine Gnade zusagst...dann...dann steige ich nach unten, mit dieser Axt...und schlage ein Loch in den Rumpf...so gewaltig...dass die Wasser hereinströmen...und der Kasten versinkt.

Weil ich nicht in einer Welt wohnen will, die andauernd die Vernichtung durch tödliche Fluten fürchten muss. Oder eine ähnlich verderbliche Strafe. In einer solchen Welt kann niemand planen und gestalten.

Wie sollen wir das Gute in uns entdecken und entfalten, wenn du andauernd eingreifst?

So höre mich: Ich fordere ein Versprechen von dir. Eine Zusage: ‚Solange die Erde steht, soll nicht mehr aufhören Saat und Ernte, Kälte und Hitze, Sommer und Winter, Tag und Nacht.‘

Ja, auch wenn das Dichten und Trachten des Menschen böse sein und bleiben sollte, garantiere uns, dass du die Erde hinfort nicht mehr verfluchen wirst – um der Schöpfung willen.

Weil wir Menschen dann anfangen können, dich wirklich zu lieben. Nur dann! Nicht aus Furcht, sondern aus Vertrauen.

Nicht aus Zwang, sondern freiwillig. Wahrhaft hingegeben.

Aber hör auf, uns andauernd zu drohen.

Wirst du mir das garantieren?

Los, sag was!

Sprich zu mir, Herr!"

Hier, Täubchen, das ist alles, was ich noch in der Tasche habe. Tut mir leid. Unten in den Vorratskammern gibt es mehr.

Ich weiß nicht, was da eben in mich gefahren ist. Wie könnte ich, Noah, der Ruhende, der Gehorchende, den Schöpfer des Himmels und der Erde, den Richter alles Lebendigen, herausfordern?

Nun, vielleicht, weil ich recht habe.

Aber ich fürchte, dass es so sein wird wie meist: Dann, wenn ich von Gott deutliche und verständliche Worte brauche, redet er nicht. Hüllt sich in Schweigen.

Verhüllt sich.

Straft uns mit der Stille des Himmels.

Sieh, weißer Vogel, dieser kleine grünende Ölzweig hat mein Gemüt erfreut. Weil er ein Freudenbote ist, ein Zeichen der Erneuerung. Nur ein schlichtes Symbol, doch darin eröffnet sich eine neue Welt. Er ist eine Verheißung.

Warum legst du den Kopf so schräg?

Gurrst mich an?

Natürlich. Kommt dieser Gedanke jetzt von Gott oder aus mir selbst? Oder ist das bisweilen sogar das Gleiche?

Herr, du hast mir durch die Taube ein Zeichen gesandt. Und nun hätte ich gerne noch eines. Ein Zeichen dafür, dass du diesen Bund, den ich dir gerade angeboten habe, erfüllst.

Hörst du? Ich mache dir ein Angebot. Du wolltest doch

immer ein Gegenüber haben. Jetzt verhalte ich mich wie ein solches und baue auf deine Reaktion.

Wenn du nicht reden willst, bitte. Aber wenn es dir ernst ist mit der innigen Gemeinschaft mit uns Menschen, dann schicke uns ein Zeichen.

Ein Zeichen, das Himmel und Erde verbindet.

Warte...genau...

Einen Bogen? Ja, warum nicht.

Einen Bogen des Friedens, der den mörderischen Bogen des Krieges ersetzt, weil er oben und unten in Einklang bringt.

Einen Bogen aus Licht oder aus Farben.

Bunt soll er sein.

Wie die Menschen und die Tiere.

Wie das Leben.

Wenn unsere Arche den ersten Berggipfel sichtet, an den Grund wieder glauben kann, dann sende den Bogen...

Wirst du das tun?

Bitte enttäusche mich nicht!

Und du, mein Täubchen, flieg noch einmal hinaus. Frisch gestärkt bist du ja jetzt. Und wenn du nicht wiederkehrst, werde ich wissen, dass du eine neue Heimat gefunden hast. Dass es nicht mehr lange währt. Dass du ein Nest baust...

...ein Nest aus den Ölzweigen der Zukunft.

JUNGFRÄULICHER
GLAUBE   Joseph nach dem Streit
mit Maria

Maria! Lauf nicht weg!

Ich hab das nicht so gemeint. Ich…

Doch! DOCH! Ich habe es so gemeint. Genau so, wie ich es gesagt habe: HURE.

Denn es stimmt ja. Du bist eine Hure. Eine…eine verfluchte …Ehebrecherin…eine…falsche Schlange…eine…verdammte…verdammt…

Warum hast du das getan, Maria?

WARUM?

MARIA!

Jetzt bist du davongerannt.

Na großartig.

Und warst auch noch zu feige, mir zu sagen, wer es war. Mit wem du…du…Gott, es tut so weh, wenn ich mir vorstelle…wie du mit ihm…wie er mit dir…

Ich will wissen, wer es war.

Mit wem hast du es getrieben?

War es nur ein Mal? Ein Fehltritt im Taumel der Wollust? Oder hintergehst du mich schon die ganze Zeit? Sag mir,

Maria: Wie lange läuft das schon? Und wo habt ihr euch getroffen? Bei ihm? Bei dir? Irgendwo oben auf der Anhöhe? Oder etwa im Olivenhain? In unserem Olivenhain?

Du bist meine Braut, verstehst du, Maria? MEINE BRAUT. Meine Verlobte. Wir sind einander versprochen. Hast du vergessen, dass deine Unzucht nach unserem Recht vor der Heimführung der Anvertrauten genauso als Ehebruch gilt wie nachher? Nein, natürlich nicht. Du bist die Tochter eines Geistlichen. Du kennst das Gesetz ganz genau.

Hast du…hast du bei deiner…deiner ungezügelten Lüsternheit vor lauter Gier und Verlangen ernsthaft geglaubt, du könntest dem entgehen, was das Gesetz für solche wie dich vorsieht? Für untreue Frauen, die ihre Männer erniedrigen, sie demütigen, sie…

…ach Scheiße…

Die Steinigung. Maria, sie werden dich steinigen, wenn das rauskommt. Und noch viel schlimmer: Wenn eine Priestertochter Ehebruch begeht, dann droht ihr sogar die Verbrennung. Bei lebendigem Leib.

Sieh mal, du…du Untreue…selbst wenn es dir gelingt, dich der römischen Obrigkeit zu unterstellen, die unserem Hohepriester untersagt hat, die Todesstrafe zu verhängen, dann droht dir immer noch die Beschämung, die öffentliche Beschämung.

Hast du das in Kauf genommen, als ihr zusammengelegen habt? Du und er? Wer immer es auch war, der deine Hemmungslosigkeit ausgenutzt hat. Oder wird es dir jetzt erst bewusst: Sie werden dich an den Pranger stellen. Dich, die geile Verlobte, die herumgehurt hat. Das Flittchen.

Sag mir, Maria: Habe ich dich nicht genug geachtet? War es das? War meine Zuneigung zu dir nicht stark genug? Habe ich dich vernachlässigt? Vor allem aber: Hast du denn nicht mit allen Fasern deines Körpers gespürt, wie sehr ICH dich begehre? Wie ich mich nach dir gesehnt habe? Mit Haut und Haar? Warum musstest du dir einen anderen suchen?

Jetzt bin ich der Trottel, ja, der einfältige Trottel, der Nichtsnutz, der deine Jungfräulichkeit achten und voller Anstand bis zur Heimführung der Braut warten wollte. Ich Idiot.

Wenn du so wild darauf warst, genommen zu werden, dann hätte...dann hätte ich das doch auch...ich meine: Was war das für eine schändliche Lust, die dich in seine Arme getrieben hat – und nicht in meine? Was habe ich falsch gemacht?

Seit langem nennen sie mich Joseph, den Frommen, den Gerechten. Ein wenig spöttisch, aber auch ein wenig hochachtungsvoll. Nicht nur, weil meine Familie von unserem ach so verehrten König David abstammt, sondern weil ich Gott und seine Gebote achte.

Ja, ich achte ihn. Und du? Du betrügst ihn. So wie du mich betrogen hast. Was glaubst du, wie sie mich in Zukunft nennen werden? Joseph, den Gehörnten...

Denn sie werden natürlich bemerken, dass dein Bauch immer runder wird, Maria. Und sie werden nachrechnen. Die Leute sind ja nicht blöd. Wie stehe ich dann da? Der fromme Joseph. Der fromme Depp. Der betrogene Mann. Schaut ihn euch an, die lächerliche Gestalt! Von einem anderen hat sich seine Braut ein Balg eingefangen.

Außerdem...natürlich...jetzt erst wird mir klar: Es kommt ja noch schlimmer: Nach jüdischem Recht ist einer, der eine

Ehebrecherin heiratet, selbst ein Ehebrecher. Das heißt: Du hast nicht nur dich beschmutzt, sondern auch mich. Du hast uns beide in den Dreck deiner Begierde gezogen. Zwei Leben zerstört.

Maria…meine…meine geliebte…Maria…ich…das tut so unfassbar weh…

Begreifst du überhaupt, was du getan hast? Maria? Und jetzt rede ich nicht von deiner Hurerei. Die allein reißt schon wie ein Raubtier an meinen Eingeweiden.

Nein, ich rede von deiner ungeheuerlichen Lästerung. Von deiner perfiden Häresie. Deiner Lüge. Wie kannst du es nur wagen…wie kannst du behaupten, das Kind…diese Frucht der Unzucht…sei von Gott? Schämst du dich denn gar nicht?

Anstatt zu deinem Fehltritt…deinem schändlichen Verhalten zu stehen, erfindest du eine haarsträubende Geschichte…wilde Trugbilder…die dich reinwaschen sollen.

Weißt du, ich habe ja schon des Öfteren gehört, dass schwangere Frauen seltsam werden – aber du hast den Bogen überspannt. Und zwar deutlich. Mit deinem Hirngespinst, dem Trugbild, das dich narrt.

Ich bin ein Baumeister. Und kein schlechter. Ich halte mich an Fakten. An Maße. An Vorgaben. An Pläne. Nicht an Visionen. Ich weiß, was es braucht, damit ein Bau Bestand hat. Und eines bemerke ich sofort: Dein lächerliches Lügengebäude stürzt in sich zusammen. Blitzschnell.

„Gegrüßt seist du, Maria! Gott ist mit dir! Fürchte dich nicht, denn du hast Gnade bei Gott gefunden."

Das soll ich dir abnehmen? Dass da auf einmal wahrhaftig der Engel Gabriel vor dir stand und das gesagt hat? Zu dir?

Das ist doch absurd. Hofiert hat er dich also. Hochachtungs-voll gegrüßt. In eurem Haus. Vor der Feuerstelle, oder was? Neben dem dreckigen Geschirr? Ich nehme an, er hat sich so-gar verneigt.

Maria, merkst du denn gar nicht, dass deine Fantasie dir etwas vorgaukeln will? Du redest dir ein, der Himmel sei dir zugetan, weil dein Herz genau erkennt, was du Entehrendes getan hast? Ich fürchte, dass du nicht nur mich belügst, son-dern vor allem dich selbst.

Hör endlich auf damit!

„Siehe, du wirst schwanger werden und einen Sohn gebä-ren, und du sollst ihm den Namen Jesus geben."

Maria, das war kein Engel. Da war der Wunsch Vater des Gedankens. Nichts anderes. Man weiß von einigen Frauen, die spürten, dass sie ein Kind bekommen, lange bevor die un-trüglichen Zeichen des Körpers es bestätigten. Dein Bauch hat dir eine geheime Botschaft vermittelt – und in deiner Scham hast du dir ein himmlisches Fantasiegebilde erdacht.

Das ist verständlich.

Natürlich. Die Reue hat dich geblendet. Weil du im tiefsten Inneren genau wusstest, was du getan hattest. Wahrschein-lich hast du deshalb auch lügnerisch gestammelt: „Wie soll das zugehen, da ich von keinem Manne weiß?"

Dein Herz wollte nicht wahrhaben, wozu dein unzüchtiger Geist dich verführt hatte, wozu dein Körper sich hingegeben hatte, schamlos. Ich meine, das klingt ja auch viel besser: „Ein Himmelsbote verkündete mir ein Kind" als „Ich habe mich von einem anderen besteigen lassen…"

Oh…Maria…wie konntest du nur…

Merkst du gar nicht, dass du dir das alles eingebildet hast?

Diesen Engel? Diese Botschaft? Diese vermeintliche Entsühnung?

„Der heilige Geist wird über dich kommen und die Kraft des Höchsten wird dich überschatten. Darum wird auch das Heilige, das geboren wird, Gottes Sohn genannt werden."

Das soll Gabriel zu dir gesagt haben, der Erzengel. Bitte! Das kannst du nicht ernst meinen. Es ist so offensichtlich...so beschämend durchschaubar: DU NENNST DIE SÜNDE HEILIG. Du nennst das Unreine rein. Um nichts anderes geht es.

Erkennst du das denn nicht? Anstatt Buße zu tun, bettest du das Dunkle in ein helles Licht, um es nicht wahrhaben zu müssen. Blendest dich und mich.

Weißt du, was das Traurige daran ist, Maria? Das, was mich am meisten trifft? Ich sage es dir: So machen es alle! Ja, alle Missetäter handeln genauso, wie du es gerade tust. Oder zumindest fast alle. Alle, die Böses getan haben, versuchen, sich reinzuwaschen, indem sie fadenscheinige Erklärungen zusammenbasteln. Erklärungen, warum in ihrem Fall das Unrecht ausnahmsweise doch rechtens ist. Ja, sie biegen sich die Wirklichkeit so lange hin und her, bis sie glauben, hocherhobenen Hauptes sagen zu können: „Ich gehöre zu den Guten."

Das ist menschlich.

Aber es ist auch widerwärtig.

Der Dieb, der Betrüger, der Mörder, der Giftmischer, der Heuchler, der Gierige, der Säufer oder...die Ehebrecherin: Sie alle finden Argumente...und seien sie noch so verworren und abwegig...Argumente, warum sie nicht anders handeln konnten. Warum das, was sie taten, doch...irgendwie... richtig war.

Sie täuschen die Welt. Und sie täuschen sich. Denn ein Dieb bleibt ein Dieb. Ein Mörder bleibt ein Mörder. Und eine Ehebrecherin bleibt eine Ehebrecherin. Mögen die Erläuterungen für ihr verderbliches Handeln auch noch so geschickt konstruiert sein. Schwarz wird nicht Weiß, nur weil ich Zucker darauf streue.

Vor allem eines finde ich an diesen Irrungen besonders beschämend: die Feigheit. Warum sagen die Menschen nicht einfach, dass sie gefehlt haben?

Aber die Antwort springt einen ja förmlich an: Weil sie die Verantwortung für ihr Handeln nicht übernehmen wollen.

So wie du, Maria.

„Mir geschehe, wie du sagst."

Wenn du das wirklich dem Engel erwidert hast, dann spricht diese Formulierung für sich. O ja. Du gibst…mit wenigen Worten…dem Himmel die Schuld. „Wie du sagst…" Sprich: Was dir geschieht, liegt vermeintlich gar nicht in deiner Hand, sondern in der Hand Gottes. Und damit bist du fein raus. Verklärst dich von der Täterin zum Opfer. „Mit mir geschieht etwas…ich kann nichts dafür."

Maria, hast du ernsthaft geglaubt, irgendjemand würde dir so einen Unsinn abnehmen? So eine Augenwischerei? Meine scheue, verrückte Maria…

Was machen wir jetzt?

Du und ich?

Nachdem du mein Herz zerfetzt hast?

Jetzt, da alles kaputt ist?

Wenn ich dein Vergehen öffentlich mache, kommst du an den Pranger…

Und ich…ich werde zum Gespött des ganzen Ortes. Na großartig. Wem nutzt das?

Also…also werde ich dir wohl besser einen Scheidebrief ausstellen. Dafür braucht es, meine ich, gar keinen Grund. Und wenn doch, fällt mir schon irgendeiner ein. Ich löse diese verderbliche Verlobung wieder auf.

Oder ich…ich wandere aus. Heimlich. Noch besser.

Was weiß ich…nach Ägypten. An den Nil. Weit, weit weg. Ja, warum nicht?

Da wollte ich schon immer mal hin. Dort bauen sie herrliche Tempel, Grabanlagen und Villen. Prachtvolle Gebäude. Da wird man einen geschickten Baumeister und Zimmermann sicherlich zu schätzen wissen.

Aber…aber…verflucht…

Die Vorstellung, so weit weg von dir zu sein, tut genauso weh wie der Gedanke, dass du mich betrogen hast.

Was soll ich bloß tun? Mit dir?

Und mit mir?

Ich, der fromme Joseph!

Wenn ich nur wüsste, was…was Gott sich jetzt von mir erhofft? Was wäre sein Weg? Kannst du mir das sagen, Maria? Du bist doch jetzt mit den Engeln so vertraut…

Andererseits…vermutlich bin ich ohnehin nicht so fromm, wie alle meinen. Zum Beispiel habe ich dich unfassbar begehrt, meine Braut. Begehre dich noch immer. Meine Gedanken sind nicht keusch. Ich denke oft an deine zierlichen Brüste. An deine schlanken Fesseln…wenn du wüsstest, was ich in Gedanken schon alles mit dir angestellt habe. Rot werden würdest du. Zartrosa. Was dich immer besonders entzückend aussehen lässt.

Der fromme Joseph. Ich glaube viel. Aber dass dir ein Engel erschienen ist, meine himmlische Verlobte, das mag ich nicht glauben. Das kann ich nicht glauben. Mmh…

Verblüffend.

Doch es stimmt: Ich will das…nicht glauben.

Weil es nicht in meinen Kopf geht. Dass dir ein Engel erschienen sein soll.

Aber…zugleich…zugleich frage ich mich…jetzt gerade: Was würde ich denn glauben? Ja, was würde ich…glauben…Ich meine: Gibt es etwas, das meinen Horizont übersteigt, das ich Gott zutrauen würde?

Natürlich!

Er ist Gott.

Nun…das sagt sich so leicht. Aber würde ich im Zweifelsfall tatsächlich etwas für möglich halten, das die Grenzen meiner Vorstellungskraft derart sprengt? Ich musste es noch nie. Zumindest habe ich es bislang nicht getan.

Ich glaube und ich sage: „Gott ist alles möglich!"

Zugleich halte ich es für undenkbar, dass er Maria seinen Engel geschickt hat. Merkwürdig! Oder?

Hier, in der Wirklichkeit Nazareths, scheint das Hereinbrechen göttlicher Kräfte so abwegig, so fremd. Dass Gott an diesem Ort an uns handelt…

Was ist das für ein Glaube, der nicht wirklich glaubt?

Natürlich gehe ich davon aus, dass Gott, der Schöpfer des Himmels und der Erde, alle Macht hat. Dass er Wunder tun kann. Doch jetzt, da mir womöglich ein Wunder begegnet, fehlt mir das letzte Zutrauen.

Was, Maria, wenn dieser Engel mit seiner Botschaft nicht deine Prüfung ist, sondern meine?

Was, wenn er mir verkünden will, dass ich lernen muss, mit Gott zu rechnen? Ihn nicht nur grundsätzlich zu bejahen, sondern seine Wirklichkeit höher zu schätzen als die meine? Sein Liebe nicht nur als Idee anzunehmen, sondern ganz praktisch auf sie zu bauen.

Man glaubt nicht an Gott, wenn man nicht auch glaubt, dass seine Existenz einen Unterschied macht.

Was wäre, wenn diese Erscheinung des Himmelsboten Gabriel der Unterschied gewesen ist, an dem mein Glauben reifen soll.

So ein Unsinn!

Maria, du hast dich anderweitig vergnügt. Das war's.

Oder nicht?

Was wäre, wenn ich im Schlaf heute Nacht ebenfalls eine Erscheinung hätte? Wenn der Engel auch mir gegenüberträte? Mit seinen hellen Schwingen. Hier, in meinem Haus. Er könnte so etwas sagen wie: „Joseph, Sohn Davids, fürchte dich nicht, Maria, deine Frau, zu dir zu nehmen; denn was sie empfangen hat, das ist vom Heiligen Geist. Und sie wird einen Sohn gebären, dem sollst du den Namen Jesus geben, denn er wird sein Volk retten von ihren Sünden."

Und wenn ich dem Kind dann nach seiner Geburt den verheißenen Namen gäbe, dann würde ich es offiziell als Sohn anerkennen. Auf einmal wäre alles gut.

Maria – du und ich, wir wären dann wieder zusammen.

Dann hätte mein Name endlich einen Sinn. Joseph! Denn das bedeutet ja: „Gott fügt hinzu". Ein Kind fügt Gott hinzu. Zu unserer Ehe. Zu unserer Liebe. Zu unserem Miteinander.

Ist es nicht egal, woher es kommt?

O nein! Jetzt bin ich nicht besser als all die Lügner und Betrüger, die ich eben noch verdammt habe. Ich versuche, mir die Wirklichkeit schönzureden. Möchte einen Ausweg finden, um die Wunde schließen zu können.

Maria…warum?

Warum fällt es mir nur so schwer…an deinen Engel zu glauben…

DER FLUCH
DES SEGENS
Jakob auf dem Lager seiner geliebten Rahel

Rahel? Rahel, schläfst du? Ja, es ist mitten in der Nacht. Ich weiß.

Rahel…wach auf…bitte…komm schon…hör mich an …du musst aufwachen…

Du, meine Morgenröte. Du Tautropfen auf der Wüste meiner Sehnsucht. Du Quell aller Liebe…wie gut es in diesem Zelt nach dir duftet…wie wilde Rosen und Zimt…wie…

Nein, dreh dich nicht weg. Ich will ja gar nicht…das…was dich die schwere Decke fester um deinen Körper ziehen lässt.

Auch wenn ich mich an manche samtweiche Nacht erinnere, in der du meinen Besuch mit wohligem Seufzen erwartet hast.

Ich fasse es nicht, wie herrlich du riechst.

Doch heute bin ich nicht gekommen, um bei dir zu liegen. Nicht in dieser Nacht. Du musst hören, was geschehen ist. Weil ich nicht anders kann, als dir zu erzählen, was geschehen ist…

Ja, streck dich ruhig und gähne. Gleich wirst du wach sein, hellwach, Blüte meiner Freude.

Wo fange ich an?

Kannst du die Augen kurz öffnen? Bitte. Sieh mich an, Rahel. Oh, wie schwer es dir fällt. Wie kann man nur so müde sein? In diesem heiligen Moment? Aber genau jetzt brauche ich deinen Blick auf mir. Das prüfende Funkeln deiner Augen…

Und? Siehst du den Unterschied? Ja, schau genau hin! Erkennst du…dass ich ein anderer geworden bin? Wie neu geboren! Wie noch einmal ins Leben gefallen. Endlich!

Ja, ich bin nicht mehr Jakob, der Mann, der sieben Jahre hart dafür gearbeitet hat, dein Gemahl zu werden. Ich bin nicht mehr der, der seit seiner Geburt wie ein Getriebener das Glück suchte. Ich bin nicht mehr der, dessen Name „Möge Gott beschützen!" wie ein ängstlicher Ausruf der Schwachheit in der Welt verhallt.

Nein, ich heiße jetzt…„Israel". Ab heute. Wirklich. Israel, „Der mit Gott kämpft". Gott selbst hat mir diesen herrlichen Namen gegeben. Als Ehrentitel. Als Auszeichnung. Als Segen. Ja, dieser Name ist ein Segen. Der Segen, um den ich all die Jahre so verbissen gerungen habe.

Darum tausche ich nicht nur den Klang aus, auf den ich bislang hörte, nein, ich selbst bin ein anderer. Ich bin Israel. Erkennst du nicht, dass hier nicht mehr Jakob steht, sondern Israel?

Rahel, sag es einmal für mich. Bitte. Aus deinem Mund möchte ich hören, wie das klingt. Du sollst die Erste sein, die mich so ruft: Israel. Komm schon. Sprich mir nach: „Israel!"

Mmh…es ist, als käme ein wohliger Balsam aus deinem Mund, wenn du diese Silben formst: Is-Ra-El.

Israel.

ISRAEL!

Wie meinst du das? Ich sehe genauso aus wie gestern Abend. Das täuscht. Schau noch einmal hin! Genauer. Bemerkst du nicht den Glanz in meinem Gesicht? Das Strahlen des Segens, der mich erfüllt, des Segens, der ich nun selbst bin?

Ach, Rahel. Du allein ahnst, wie ich mich danach verzehrt habe, endlich ein gesegneter Mensch zu sein. Nichts anderes war mein Ziel, endlich sagen können: „Ich bin gesegnet!"

Doch dieser Gedanke wohnte fast schon wie ein Wahn in mir. Wie ein böser Geist. Ein gehässiger Dämon, der mein Herz in seiner eiskalten Hand hielt – und immer kräftiger zudrückte. Ja, ich war wie besessen. Von der Gier nach Segen. Niemand weiß das besser als du.

Alle sollten sie sich vor mir verneigen, dem Gesegneten. Das wünschte ich mir. Doch der Hunger danach fraß mich auf. Ließ mich niemals satt werden. Zerstörte das, was er eigentlich anstrebte.

Ja, vor lauter Angst, nicht gesegnet zu sein, erkannte ich den Segen nicht, der womöglich die ganze Zeit auf mir ruhte.

Mehr noch: Um meinen wirren Traum verwirklichen zu können, habe ich gelogen und betrogen. Andere. Viele andere. Und vor allen anderen mich selbst. Weil ich dachte, der Segen ließe sich erzwingen. Erobern. Einnehmen wie eine Festung.

Warum beherrschte mich diese Vorstellung so? Keine Ahnung. Aber Rebecca, meine Mutter, erzählte mir immer wieder, wie ich mich schon bei meiner Geburt an die Ferse meines Zwillingsbruders Esau geklammert habe. Mit verzerrtem Gesicht. Weil dieser es gewagt hatte, sich vor mir durch die Enge des Ausgangs ins Licht zu drängen.

Du, mein Halt an den Abgründen, kannst du das nachvollziehen? Nur wenige Sekunden, und ich wäre der Herr meiner

Brüder geworden, der Erstgeborene, der Erbe des Ansehens, des Wohlergehens, des himmlischen Glanzes. Darum habe ich schon im ersten Augenblick meiner Existenz um den Segen gekämpft. Und verloren.

Du hast ja oft genug gehört, dass böse Zungen behaupten, mein Name…nein, ich sollte sagen: mein ehemaliger Name…Jakob bedeute gar nicht „Gott möge schützen", sondern „der Fersenhalter". Sie hatten recht. Ich hing an der Ferse des Segens, all die Jahre – und habe ihm nie ins Angesicht gesehen. Welch ein Fluch. Welch ein unbarmherziger Fluch.

Durch ihn entstand auch die dritte Erklärung meines Namens: „Der Betrüger". Ja, weil ich den Segen nicht auf natürliche Weise erlangen konnte, wollte ich ihn mir erschleichen. Gerissen, wie ich mich wähnte. Weil ich ein Recht auf ihn hatte. Verdammt noch mal, ich hatte das Recht, gesegnet zu sein.

So bereitete ich den ersten Betrug vor.

Kochte ein Gericht aus Linsen, das im diesigen Licht der Dämmerung genauso aussah wie die Blutsuppe, die mein behaarter Bruder Esau gerne aß. Und als er von der Jagd kam, dieser grobe Mensch mit seiner groben Sprache, ohne Beute, ausgehungert und von seiner Hoffnung auf Essen getrieben – da fächelte ich unauffällig den Geruch meiner Speise in seine Richtung. Und er wurde lüstern, wie ein Rüde, der die Läufigkeit der Hündin im Vorübergehen erhascht. Nun: Ich wusste, dass seine Triebe allezeit stärker waren als sein Verstand. Er lief zum Topf…

„Halt!", rief ich.

„Wieso ‚Halt'? Ich habe einen Mordshunger."

Da nahm ich ihn in den Arm. Fest. „Das verstehe ich,

mein älterer Bruder, wenige Sekunden älterer Bruder, großer Jäger. Doch dieses Essen hat einen…sagen wir…Preis. Gib mir dein…Erstgeburtsrecht – und du darfst essen, soviel du willst."

Weißt du, was er geantwortet hat? „Irgendwann muss ich eh sterben. Was kümmert mich da dieser archaische Segenskram?" Dann schlug er ein. Schwörte sogar. Verkaufte sein Erstgeburtsrecht für ein Linsengericht.

Und ich begriff zum ersten Mal, dass es Menschen gibt, denen es völlig gleichgültig ist, ob sie gesegnet sind oder nicht. Die einfach nur ihre elementarsten Bedürfnisse befriedigen wollen – und sonst…nichts. Einfach nichts. Menschen, denen es völlig gleich ist, ob ihr Dasein eine Bedeutung hat. Ob sie Teil einer größeren Geschichte sind und Geschichte schreiben oder ob sie wie der Halm in der Steppe von der Zeit geknickt werden und verdorren. Esau interessierte das alles nicht.

Darum heiratete er ja wenig später auch Judit, die Tochter des Hetiters Beeri, und Basemat, die Tochter des Hetiters Elon, zwei nichtjüdische Frauen; ein unfassbar schwerer Kummer für unsere Eltern. Ein Affront.

Doch mein Drang nach Segen riss fortan nur noch stärker an mir. Denn nun hatte ich zwar das Recht auf den Segen, aber noch nicht die eigentliche Zusage.

So bereitete ich den zweiten Betrug vor.

An dem Tag, an dem unser Vater seinen Willen zum Segnen kundtat. Als er schon blind war und kaum noch hörte. An dem Tag, als Isaak Esau überraschend zur Jagd schickte, damit dieser ihm ein Wildbret jage und zubereite – als Vorbereitung für die Zeremonie.

Nun, das würde dauern, mindestens einige Stunden. Und meine…unsere Mutter, enthüllte mir ihren Plan: Sie riet mir, zwei Böcklein aus der Herde am Hang zu holen. Die wolle sie kochen, wie es Isaak am besten munde. Ich müsse dann nur noch dafür sorgen, dass der greise Vater mich für meinen Bruder halte.

Da rieb ich mich mit Dreck ein, rannte siebenmal den Berg hinauf und hinunter, bis ich von Schweiß bedeckt war, zog mir alte Kleider Esaus an, meines nur wenige Sekunden älteren Bruders, und band mir die Felle der frisch geschlachteten Böcklein um den Arm und den Hals, sodass sie seine haarige Haut ersetzten – und zugleich nach frischem Blut rochen, wie Esau es meist tat.

Schließlich nahm ich das deftige Essen, das meine Mutter inzwischen vorbereitet hatte, und brachte es hinein. Mit rauer Stimme krächzte ich: „Mein Vater. Ich bin Esau, dein erstgeborener Sohn. Ich bringe Essen, wie du es gewünscht hast. Nun iss von meinem Wildbret, auf dass mich deine Seele segne."

Und weil er sich wunderte, wie rasch ich vor ihm erschienen war, fügte ich hinzu: „Jahwe hat mir das Wild ganz in der Nähe über den Weg laufen lassen." Welch ein Irrsinn. Da missbrauchte ich Gottes Namen, um mir einen Segen zu erheucheln. Glaubte ernsthaft, ich könne Gott überlisten. Nun, zumindest konnte ich meinen Vater täuschen.

Isaak befühlte meine Hände und Arme, seine trüben Augen stachen durch die Luft, er roch an mir und gab mir sogar einen Kuss, um mich zu prüfen. Und dann…

…dann floss sein Segen auf mich über: „Gott gebe dir vom Tau des Himmels, von der Fettigkeit der Erde und Korn und Wein in Fülle. Völker sollen dir dienen und Stämme dir zu

Füßen fallen. Sei du der Herr der Familie. Verflucht sei, wer dich verflucht, und gesegnet sei, wer dich segnet."

Welch ein Triumph! Welch ein Triumph? O nein. Denn der Segen wirkte nicht. Im Gegenteil. Von dem Moment an, in dem sich die Hand meines Vaters von meinem Kopf löste, war ich wie verflucht – ein vom Unglück Verfolgter.

Rahel, du mit Sanftheit gefüllter Wadi, du allein kennst die Wegmarken meines Schmerzes.

Wie ich fliehen musste, als Esau den Betrug entdeckte.

Wie sein Wutschrei das Lager erzittern ließ, weil Isaak ihm nun nichts mehr geben konnte als den Schatten eines Segens.

Wie ich monatelang durch die Wüste taumeln musste, um zu unseren Verwandten, deinen Eltern, zu gelangen.

Wie dein Vater mich zum Sklaven machte, weil ich sieben Jahre für dich, mein Herzenslicht, arbeiten sollte.

Wie ich nach der trunkenen Hochzeitsnacht am Morgen deine Schwester Lea im Bett vorfand, die ich nimmer begehrt hatte. Und mit der ich doch gerade eins geworden war. Die vielleicht tiefste Schmach eines Mannes.

Wie ich noch einmal sieben Jahre dienen musste. Diesmal wirklich für dich. Was ich gerne tat, doch als Gedemütigter.

Wie wir beide all die Jahre auf ein Kind warteten, bis du dich erniedrigen musstest, mir deine Magd als Ersatz zuzuführen.

War das Segen? Sag es mir: Zeigte sich so die Zuwendung des Höchsten, die mir Isaak versprochen hatte? Nein. Ich war ein ungesegneter Gesegneter. Der Segen war in mir verkümmert. Wirkte nicht. Wandelte sich immer mehr in Wut und Elend. Machte mein Leben zur Hölle.

Nein…so habe ich das nicht gemeint. Das bezog sich nicht auf dich…gewiss nicht. Du warst doch in all den Jahren der Funke, der mein Feuer am Leben hielt…trotz aller Qual. Hätte ich dich nicht an meiner Seite gehabt, ich hätte dem Himmel schon lange abgeschworen…

Ja, du hast recht. Auch unser Sohn Josef…seine unerwartete Geburt…hat den Fluch durchbrochen. Endlich. Das will ich nicht leugnen. Aber nach wie viel Not? Nach wie viel Warten?

Sein Kommen war wie ein Heilmittel. Es linderte die Pein – aber es war nicht stark genug, um die Kraft des Giftes in mir zu überwinden. Der Himmel hatte sich mir verschlossen.

Ich weiß nicht, warum ich das jetzt gesagt habe. Denn natürlich habe ich den Himmel offen gesehen. Natürlich! Die Rampe, die von der Erde bis zu Jahwe führte. Damals als ich mein Haupt auf einen Stein legte. Das stimmt. Aber hat es mir etwas gebracht? Nein. Da konnte mir Gott noch so oft zeigen, dass Oben und Unten verbunden sind. Ich merkte davon nichts. Und zwar überhaupt nichts. Für mich schien der Weg gesperrt.

O Rahel, wie dumm ich war. Fünfmal hat sich mir Gott in all den Jahren offenbart. Und ich? Ich konnte seinen Segen einfach nicht annehmen. Ich wollte ihn mir lieber mit Gewalt aneignen. Dabei sind Segen und Schenken das gleiche Wort.

Habe ich dir je erzählt, was ich in jener Nacht tat, in der ich die Himmelsrampe sah? Ich begann mit Gott zu feilschen. Wie ein Kaufmann. Ich rief zu den Sternen: „Wenn Gott mit mir sein wird und mich behüten wird auf dem Weg, den ich ziehe, und mir Brot zu essen gibt und Kleider zum Anziehen und ich wohlbehalten in meines Vaters Haus zurückkehren werde, dann soll Jahwe mein Gott sein."

Ich stellte Bedingungen. Weil ich letztlich selbst der Spender, der Begründer des Segens sein wollte. Meines Segens. Den ich doch verdient hatte. Mit all meinen Tricks und Schlichen.

„Los, Gott, es wird Zeit, dass du mich segnest. Und wenn der Segen wirkt, dann glaube ich auch an dich." Wie vermessen. Ich wollte tatsächlich, dass Gott in Vorleistung tritt. Dabei hätte ich einfach nur vertrauen müssen.

Und weil ich das nicht konnte, machte ich weiter mit meinen Versuchen, das Schicksal zu beeinflussen.

So bereitete ich den dritten Betrug vor.

Verpflichtete mich noch einmal bei meinem doppelten Schwiegervater Laban, der mir hohnlächelnd deine Schwester untergeschoben hatte, damit die „Kuhäugige" versorgt sei. Doch diesmal schleuderte ich ihm eine dreiste Forderung entgegen: „Gib mir für meine Arbeit alle gesprenkelten Neugeborenen in den Herden." Und tatsächlich: Laban ließ sich darauf ein.

Ich aber brachte die Ziegen und Schafe mit Hilfe von Ästen der Storax-Staude, des Mandelbaums und der Platane, an denen ich Streifen herausgeschält und die ich in die Tränken gelegt hatte, dazu, fast nur noch gefleckte Junge zu werfen. Du erinnerst dich sicher an diese alten magischen Bräuche.

Bald war ich reich.

Und fühlte mich weiterhin arm.

Irgendwann wurde die Furcht vor deinem zunehmend erbosten Vater größer als die Angst vor meinem erbosten Bruder, meinem nur wenige Sekunden älteren Bruder. Und wir beschlossen, zurückzuziehen. In meine Heimat.

Rahel, hörst du mir eigentlich noch zu? Du bist doch nicht

wieder eingeschlafen? Nein. Dann ist ja gut. Denn jetzt kommt das, was ich dir eigentlich erzählen will.

In den letzten Wochen war ich ja wieder voller Angst. Zerfressen von Angst.

Unsere Karawane mit den Herden, all unsere Kinder, alles war durchzogen von der Furcht vor Esau. Vor allem als unsere Späher meldeten, dass er uns mit 400 Kriegern entgegengeritten kommt – und morgen früh auf uns treffen wird.

Natürlich habe ich ihm Geschenke gesandt. Große Geschenke. Kostbare Geschenke. Versöhnungsgeschenke. 200 Ziegen, 20 Schafböcke, 200 Mutterschafe, 20 Widder, 30 Kamele mit Jungen, 40 Kühe und 10 Stiere. Und jeder Knecht ist angewiesen, Esau mit einer tiefen Verbeugung zu verkünden: „Das gehört Jakob und ist ein Geschenk für Esau." Aber glaubst du, das hätte meine Angst auch nur einen Hauch geschmälert? Nein.

Darum habe ich gebetet. Zum ersten Mal als Bittender, nicht als Fordernder. Gefleht habe ich, in meiner Ohnmacht, die ich zum ersten Mal als Ohnmacht anerkannte – inbrünstig, verzweifelt, verloren: „Gott, rette mich aus der Hand meines Bruders Esau, denn ich fürchte ihn. Er könnte kommen und mich erschlagen, mit den Müttern und den Kindern."

Gestern Abend war das. Lange nach Sonnenuntergang. Da fing sie schon an, meine Erneuerung. Weil ich mich zum ersten Mal ganz in Gottes Hand begeben hatte. Ich konnte nichts mehr tun. Außer auf ihn vertrauen. Mit einer fremdartigen Ruhe, die in meinen Adern dahinfloss. So wie der Jabbok, der blaue Fluss, an dessen felsigem Ufer ich stand.

Dann kam er über mich. Wer? Was weiß ich! Wahrscheinlich der Dämon, der mich all die Jahre geritten hat. Doch in ihm war zugleich Gott, der mich herausforderte. Und auch ich selbst war in der dunklen Gestalt. Es war der Kampf meines Lebens.

So begann ich zu ringen. Mit mir. Mit Gott. Mit dem Dunklen, das sich in mir breitgemacht hatte. Und ich wehrte mich in wahnsinniger Kühnheit. Griff an. Schlug zurück. Erstmals. Warf mich gegen mein Leid. Schmetterte meine Faust in das Nicht-Verstehen. Rammte meinen Ellenbogen dem Schweigen des Himmels ins Gesicht. Voller Wut. Angetrieben von den Enttäuschungen der Vergangenheit. Von der Desillusionierung, der Frustration und dem zermürbenden Gefühl der Sinnlosigkeit.

Doch mein Gegner war stärker als ich. Er verrenkte mir die Hüfte. So sehr, dass ich wohl bis an mein Lebensende humpeln werde. Das jedoch spornte mich nur noch mehr an. Tränkte meine Wut mit Ehrgeiz. Ich schlug weiter gnadenlos auf mein Gegenüber ein. Weiter und immer weiter.

Bis der andere, dieser göttliche Kämpfer, rief: „Lass mich gehen, denn die Morgenröte bricht an."

Aber das wollte ich nicht. Ich wollte endlich Klarheit. Nicht mehr nur hoffen auf den Segen, sondern seine Wirkmächtigkeit am eigenen Leib erfahren. Wollte nicht mehr nur um den Segen wissen, sondern ihn als solchen spüren.

Darum schrie ich zurück: „Ich lasse dich nicht, wenn du mich nicht segnest." Tatsächlich war ich bereit, diesen Kampf auf Leben und Tod zu Ende zu bringen. Denn ein Leben ohne Segen war nichts anderes als der Tod.

Rahel … Rahel … ich glaube, ich habe noch nie vor dir geweint. Jetzt kann ich nicht anders. Ja, halt mich. Bitte. So ist es gut. Geht es noch ein wenig enger?

Pass auf, dann hat er mich gesegnet. Er? Ja, Gott. Und das Dunkle...der Dunkle...war auf einmal verschwunden. Ganz und gar. Da wusste ich: Jetzt schaue ich Gott von Angesicht zu Angesicht. Ihn, der meine Angst überwunden hatte. So, wie ich dem Dämon standgehalten hatte.

Und das waren seine Worte: „Du sollst nicht mehr Jakob heißen, sondern Israel, denn du hast mit Gott und mit Menschen gekämpft und hast gewonnen."

Dabei hatte ich überhaupt nicht gewonnen. Der Kampf war ja unentschieden ausgegangen. Doch ich verstand. Der Kampf um den Segen war entschieden. Ich hatte zum ersten Mal um ihn gebeten...zugegeben: mit reichlich Nachdruck, aber dennoch: Es war der Ruf einer bittenden Seele gewesen. Erstmals. Nach all der Zeit. Kein Betrug. Diesmal. Sondern ein demütiges Harren auf die Zuwendung des Himmels. Und das wurde erhört.

Müsste ich mich nicht schämen, dass meine Tränen in dein Gewand fließen? Mag sein. Aber ich tue es nicht. Weil ich keine Angst mehr habe. Ich bin ein Gesegneter. Und darum fürchte ich mich auch nicht mehr vor Esau.

Ich muss nicht mehr darauf warten, dass alles gut wird, weil schon alles gut ist. Das nennt man Segen.

Rahel, mein Lagerfeuer in kalter Winterzeit, sag noch einmal meinen Namen, meinen neuen Namen..."Israel".

Das klingt wie ein Lied. Wie das Lied der Freiheit, das jetzt in mir tönt.

Meine Schöne...sag...bist du inzwischen wach? So richtig?

Ich meine: Ich bin in dein Zelt gekommen, um zu erzählen.

Aber jetzt, wo ich in deinen Armen liege und die Hitze deines Körpers auf mich übergeht, könnten wir vielleicht doch...

Nun ja, wenn ich jetzt ein anderer bin, dann ist ja vielleicht auch die Liebe mit mir…ganz anders. Ich finde, wir sollten das ausprobieren.

Und wer weiß, mag sein, dass uns der Herr nach all den Jahren doch noch…ein zweites Kind schenkt. Heute, in dieser Nacht, in der ich neu geboren wurde. Küss mich, Rahel…und lass mich dich streicheln…

Du bist mein Glück…und jetzt bin auch ich selbst mein Glück…ja…das fühlt sich gut an…weißt du…oh wunderbar…meine Perle…wenn du heute gesegneten…Leibes…werden solltest…hey, was machst du da, du Freche…dann nennen wir das Kind „Sohn des Glücks"…meines neuen Glücks…Sohn unseres Glücks…o ja…so soll er heißen…Glückskind…Benjamin…

DAS
ZEICHEN Kain am Grab seines
Bruders Abel

Ich habe Blumen mitgebracht, Bruder. Hier! Bunte Blumen vom Feld, die du so geliebt hast. Schöne Blumen, ich lege sie auf dein Grab. So…

Oder war es gar nicht hier, sondern dort drüben an dem Wacholderbusch?

Nein, wohl eher… in der Senke.

Oder doch bei den Felsen? Möglicherweise…

Genau weiß ich es nicht mehr. Es musste alles so schnell gehen – damals. Verscharrt habe ich dich. In aller Eile. Aufgebracht. Zornig. Verstört. Nicht ich selbst.

Ja, ich habe den Boden aufgescharrt wie ein Hund. Mit bloßen Fingern. Blutig habe ich sie mir gekratzt. Mit der Kraft der Wut, einer Verzweiflung, die nur völliger Hilflosigkeit erwächst. Sieh mal, zwei der dabei zerbrochenen Fingernägel sind nie wieder richtig nachgewachsen. Sie verraten mich jeden Tag aufs Neue. Sie klagen mich an.

Und jetzt erkenne ich nicht einmal mehr, an welcher Stelle ich die Erde nach meiner Untat aufgerissen habe. Seltsam.

Die Jahre waren scheinbar gnädig, sie haben alle Spuren meiner Schandtat beseitigt. Ein Hügel sieht aus wie der andere. Der Hügel des Todes unterscheidet sich nicht mehr vom Hügel des Lebens.

Doch in mir bist du so gegenwärtig wie an jenem Tag. In mir verheilt die Wunde nicht. Sie lässt sich nicht bedecken, wie das Gras die Krume überzieht. Weder von törichten Erklärungen, noch von eitler Selbsttäuschung. Dein Blut schreit in mir, wie Gott es vorhersagte. Und ich kann diese Schreie nicht mehr ertragen. Diese gellenden Rufe. Ich kann nicht mehr…

Ich werde wegziehen, Bruder. In ein fernes Land. Dort will ich eine Stadt bauen. „Henoch" werde ich sie nennen, die „Einweihung", weil dort die Menschen geschützt sein werden – vor Schrecken wie mir. Hoch sollen die Mauern sein, die Henoch umgeben. Stark und gewaltig.

Dennoch weiß ich, dass sie die Schreie deines Blutes nicht werden abhalten können. Die dringen überall durch. Die bahnen sich immer einen Weg. Darum bin ich hier. Heute. Um dein Blut zum Schweigen zu bringen. Endgültig. Nicht, dass ich das könnte, aber du kannst es. Vielleicht.

Seit meiner Verfehlung bin ich ein Ausgestoßener, ein Gejagter, ein Flüchtling. Verfolgt von…von meiner Schuld. Ja, Bruder, ich selbst bin es, der sich nicht zur Ruhe kommen lässt, weil er sich nicht vergeben kann. Dazu habe ich zu sehr gesündigt. Ich ziehe rastlos von Ort zu Ort. Und selbst wenn mein Körper erschöpft zu Boden fällt, stolpert mein Geist weiter. Atemlos.

Ich weiß, dass sie unserer Mutter berichtet haben, ich würde nun im Lande Nod wohnen. Und Eva tut so, als wisse sie nicht, dass es dieses Land überhaupt nicht gibt. „Nod", das heißt nichts anderes als „Land des unsteten Lebens". Das ist kein Ort, sondern ein Zustand. Ein verheerender Zustand. In ihm wohne ich – seit damals. Im „Land des unsteten Lebens". Ein Mann ohne Heimat. Ein Mann, der nicht ankommen kann. Getrieben von den Schatten der Vergangenheit. Unserer Vergangenheit.

Doch jetzt…jetzt will ich mir eine neue Heimat suchen – endlich, und ich weiß, dass das nur gelingen wird, wenn ich vorher in mir Heimat finde.

Nur: Wer kann in sich Zuflucht suchen, wenn dort das Blut des Bruders lauter schreit als ein Orkan? Wenn es widerhallt in jeder Ader und jedem Knochen? Niemand vermag das. Ich jedenfalls nicht.

Darum flehe ich dich an, Bruder: Nimm dieses Schreien von mir. Nimm den anklagenden Stimmen ihre Macht über mich. Lass dein Blut zur Ruhe kommen, damit auch meines Frieden findet.

Abel. Du willst sicher wissen, warum ich dich getötet habe. Ja, du hast recht, ich hatte keinen Grund dazu. Überhaupt keinen. Zumindest keinen äußerlichen.

Ich…ich war doch das Glückskind. Der Erstgeborene. Der Geliebte. Der Träger des Segens. Mich hatte unser Vater Adam zu seinem Nachfolger ernannt. Mich, den Guten.

Und nicht nur das. Eva hat schon bei meiner Geburt lauthals gejubelt: „Ich, die Mutter des Lebendigen, habe einen Menschen geschaffen." Vater erzählte ja immer, sie sei – direkt nachdem ich ihrem Leib entschlüpft sei – aufgesprungen und habe getanzt. Und frohlockend gesungen: „Seht her, die Mutter des Lebendigen, hat einen Menschen geschaffen!" So wie sie es auch in späteren Jahren immer wieder gesungen hat, wenn wir in lauen Nächten beieinander saßen. „Seht her, die Mutter des Lebendigen…"

Ich glaube, dass meine Geburt ihr die Gewissheit gab, dass sie doch Gott gleich sein könne. Wie er hatte sie aus dem Nichts das höchste Schöpfungswerk vollbracht: ein Menschenkind. Ich war ihre Genugtuung. Ihre weibliche Rache.

Darum gab sie mir ja auch den sprechenden Namen Kain: der Gestaltete, der Erschaffene. Jedes Mal, wenn sie mich ansah, erblickte sie ihren Meisterstreich: Sie war eine Schöpferin. So wie der Schöpfer. Sein Ebenbild. Eben doch.

Du dagegen bekamst den Namen Abel. Abel…der Hauch. Die Nichtigkeit. Der Achtlose. Bei deiner Geburt jubelte niemand, mein Bruder. Du warst ja nur der Zweite. Der Nachkömmling. Ich dagegen war der Erste. Und weil du es ohnehin gespürt hast, all die Jahre, kann ich es ruhig aussprechen: Mutter hat mich mehr geliebt als dich.

Du weißt doch, wie es war: Riss ich mir das Bein an einem Stein auf, dann legte sie eine Binde mit heilenden Kräutern darauf und verwöhnte mich mit süßen Leckereien. Honigschnitten und Mehlspeisen. Kamst du mit einer blutenden Wunde gehumpelt, hieß es nur: „Stell dich nicht so an!"

Wahrscheinlich hat sie mich zu sehr geliebt. Und ich…ich war mir ihrer Liebe zu sicher. Der Liebe an sich. Der Liebe des Seins. So sicher, dass ich, der Ackerbauer – als es darum ging, Gott Dank zu sagen –, einfach die erstbesten Früchte von meinen Feldern nahm und sie ihm darbrachte: Hier, nimm!

Ich kannte ja kein Bitten um Aufmerksamkeit, kein Werben um Zuneigung, kein Hoffen auf Nähe. Liebe war doch immer da. Für mich. Sie umgab mich in Gestalt unserer Mutter, bei Tag und bei Nacht. Ich war gewollt, bejaht und angenommen.

Du dagegen warst mit ihm vertraut…mit dem Schmerz der Zurückweisung. Mit dem entwürdigenden Buhlen um ein wenig Wärme, um ein einziges Wort der Anerkennung. Und doch bekamst du es so gut wie nie.

Heute verstehe ich, dass du, der Hirte, Gott das Beste, das Allerbeste aus deinen Herden vorlegtest. Dein inniges Hoffen auf Wohlgefallen kam aus den tiefsten Tiefen deines Herzens. Deine Sehnsucht, geliebt zu werden, die sich auf Erden nicht zu erfüllen schien, sollte vom Himmel gestillt werden.

Du hattest etwas zu gewinnen. Und ich wusste zu jener Zeit noch nicht, was ich zu verlieren hatte.

Heute begreife ich, warum Gott dich und dein Opfer gnädig ansah. Kein Wunder: Du gabst dich selbst hin. Während ich nur meine Pflicht erfüllte. Heute begreife ich es – doch damals war ich fassungslos. Wie konnte das sein: Er, der Höchste, verweigerte mir seine Gunst. Er wies mich, den Gesegneten, zurück und bevorzugte dich, den Benachteiligten, den geborenen Verlierer.

Versteh' mich bitte nicht falsch. Ich war nun mal bis zu diesem Moment immer der Sieger gewesen. Ich wusste gar nicht, dass man auch unterliegen kann. Ja, ich war all die Jahre mit der Idee gefüttert worden, dass nur Sieger achtenswert sind. Ein Triumphator. Der Erfolgreiche. Der Erstgeborene!

Und so stellte Gottes Zurückweisung meiner Opfergaben plötzlich alles in Frage. Mich. Mein Leben. Meinen Glauben. Meine Zuversicht.

Ich will mich nicht entschuldigen, ich möchte nur, dass du ein wenig nachvollziehen kannst, warum ich vor Zorn entbrannte und den Blick senken musste. In mir loderten damals zerstörerische Flammen…Flammen des Neids, die mein Gemüt verbrannten.

Dich…dich, den Nichtigen, den Windhauch, den Versager…dich liebte er. Und mich stieß er zurück. Das konnte nicht sein. Und das durfte nicht sein.

Auf einmal sah ich nicht mehr all das Gute, das mir geschenkt worden war, sondern nur das eine, das ich nicht hatte: den gnädigen Blick Gottes auf mir. Vergessen waren die Liebe Evas, der Stolz unseres Vaters Adam, die reichen Erträge der Äcker und die einzigartige Würde des Erstgeborenen. Der Gedanke an den einen kleinen Mangel überdeckte jede Freude über den Reichtum meiner Existenz.

Verstehst du? Mein Hass machte meine Welt unendlich eng. Ja, auch meine Wahrnehmung wurde eng und klein. Und in ihrem Zentrum war nur noch eines – das eine, das fehlte. Das mir vermeintlich fehlte. Ich konnte an nichts anderes mehr denken.

Bevor ich ging, um dich zu erschlagen, stellte Gott mich zur Rede. „Kain, warum ergrimmst du so? Warum senkst du deinen Blick?"

„Das kann ich dir sagen, Herr, weil du mich nicht so liebst wie meine Mutter!" Das habe ich nicht gesagt, aber gedacht. Voller Wut.

Und er…er erwiderte nur: „Wenn in dir Gutes ist, dann kannst du den Blick frei erheben. Wenn aber Böses in dir stark wird, dann lauert die Sünde mit ihrem Verlangen."

Ich begriff damals überhaupt nicht, was er von mir wollte. Der Groll benebelte mir die Sinne. Heute ahne ich ein wenig, was in seinen Worten steckte: Wenn ein Mann in sich ruht, dann stellt ihn auch eine Niederlage nicht in Frage. Wenn er aber schwach ist, dann zerbricht ihn schon der geringste Mangel.

Nicht, dass Gott dieses eine Mal mein Opfer verschmäht hatte, war mein Problem, sondern dass ich mit seiner Reaktion nicht zurechtkam. Dass mich ein einzelner ungnädiger Blick zerriss. Entwurzelte. Verdorren ließ.

Er verließ mich mit einer strengen Mahnung: „Herrsche über die Sünde!" Noch war das Unheil ja nur in meinem Kopf. Und nun lag es an mir, ob aus meinen Gedanken auch Taten werden würden.

Abel, mein Bruder, kanntest du das auch, dieses Ringen zwischen Wollen und Vollbringen? Die Anfechtung durch harte, spitze, verletzende Vorstellungen von alledem, was du anderen hättest antun wollen? Und? Bist du ihrer Herr geworden – oder haben sie dich überwältigt? Haben sie von dir Besitz ergriffen und deine Hände ins Elend geführt?

So wie mich, als ich den Stein auf dem Feld nahm, den Arm hob und den schweren Brocken in dein Gesicht rammte. Immer und immer wieder. Bis du leblos am Boden lagst. Weil ich eben zwischen Worten und Wirken nicht trennen konnte. Nicht mehr.

Wahrscheinlich hätte ich den verderblichen Gedanken in mir nicht so viel Futter geben dürfen. Ich hätte sie einfach verhungern lassen sollen. So aber habe ich dem Hass immer neue Nahrung zugeführt. Mit jedem Blick, mit jedem Wort, mit jedem Gedanken. Bis er zu groß wurde, zu wild, um ihn noch zu bändigen. Ich Elender. Ich Verblendeter.

Ich glaubte wahrhaftig, meine Angst würde verschwinden, wenn du verschwindest. Wie dumm ich war.

Nun, kaum hatte ich dich unter die Erde gebracht…hier oder dort drüben oder irgendwo in diesem Tal…da stand Gott schon wieder vor mir.

„Kain…wo ist Abel, dein Bruder?"

Er wusste die Antwort. Das war mir sofort klar. Natürlich wusste er sie.

Also reagierte ich dementsprechend. Ja, ich blaffte ihn an: „Soll ich den Hirten hüten?" Das war eine Frechheit. Ich weiß. Aber Gottes Frage war ja auch eine Frechheit gewesen.

Hätte er nicht klar sagen können: „Kain, du hast geglaubt, du dürftest Herr über Leben und Tod sein – so wie ich, der Schöpfer, es bin. So wie deine Mutter meinte, deine Geburt wäre ihr Anteil am Baum des Lebens gewesen, hast du dich erdreistet, Leben zu nehmen. Ich bin es, der Leben schenkt und Leben nimmt. Niemand sonst."

Aber was machte er: Er tat mir die Ohren auf. Dass ich, wie er, das Schreien deines Blutes vernahm. Dieses Schreien, das eine endlose Marter ist. Und dann verfluchte er mich. Sein zweiter Fluch.

O ja, unsere Eltern hatten das Band zwischen Gott und der Schöpfung zerrissen…ich das Band zwischen den Menschen. Nun war alles zerteilt. Aufgelöst. Entzweit.

Doch während Adam nur auf verfluchtem Boden arbeiten musste, traf mich der Bann selbst: „Unstet und flüchtig sollst du sein auf Erden."

Ich brach zusammen. Begriff, dass ich das nicht würde tragen können. Wenn ich mich fortan verstecken musste, dann wollte ich nicht mehr sein. Das ist doch kein Leben, wenn man nicht mehr gefunden wird. Von den Eltern nicht, von Gott nicht…von niemandem.

Nicht einmal von sich selbst. Dann ist man verloren. Ganz und gar. Für alle Zeit.

Abel, mein Bruder, dich hat Gott gnädig angeschaut, mich hat er verflucht. Wer von uns hat das bessere Teil abbekommen?

Ja, du liegst jetzt da unten, doch ich muss leben.

Und als ich Gott meine Not entgegenschleuderte, meine Furcht, nicht mehr gefunden zu werden…und die ebenso große Furcht, am Ende doch gefunden zu werden, von einem, der das Dunkle in mir erkennt und mich totschlägt, den Brudermörder…da schwieg er lange Zeit.

Dann sprach er: „Ich will dir ein Zeichen geben, dass niemand dich zerstört."

Und? Wo ist es? Wo ist das Zeichen Gottes?

Ich sehe es bis heute nicht. Oder sind es diese beiden vom Graben zerstörten Fingernägel, die mich bis heute kennzeichnen?

Gott, was für ein Spiel treibst du mit mir? Rede!

Ja, Herr, ich habe eingesehen, dass ich verloren habe. Also, warum strafst du mich noch immer?

Ich bin kein Sieger. Schon lange nicht mehr. Ich habe verloren. Und bin deiner Liebe nicht mehr wert.

Dich, Abel, dich hat er geliebt, dich hat er gnädig angeschaut, obwohl du ein Verlierer warst…

…obwohl…du…ein Verlierer…warst…

Obwohl du ein Verlierer warst?

Gott, erkläre mir das: Du hast Abel liebevoll angeschaut, den Windhauch, das Nichts. Warum?

Kann es sein, dass deine Liebe anders ist als die meiner

Mutter? Gänzlich anders? Kann es sein, dass es dich, Gott, wenig interessiert, ob ein Mensch Erfolge feiert? Dass ein Mann vor dir verlieren kann, ohne sich selbst zu verlieren?

Wie hast du es ausgedrückt: „Wenn in dir Gutes ist, dann kannst du den Blick frei erheben."

Habe ich etwa gegen mich selbst verloren? Weil ich überzeugt war, der einmal ungnädig Angeschaute sei es nicht mehr wert, gesehen zu werden? War das die Sünde, über die ich herrschen soll: dass ich mich selbst klein machte, nur weil ein einzelnes Erleben kein triumphales Ergebnis brachte?

Verlieren können…verlieren dürfen…und dennoch nicht verloren sein?

Welch eine göttliche Vorstellung!

Abel, mein Bruder, wenn das wahr ist, dann kann ich den Blick wieder erheben. Wie Gott es von mir wollte.

Ich kann…ich darf…ich will den Blick wieder heben.

Vergib mir, wenn ich nun den Kopf noch einmal oben trage. Mit erhobenem Blick. Denn jetzt erst offenbart sich mir der Sinn von Gottes Wort: Dieser erhobene Blick…mein erhobener Blick. Ich glaube: Er ist das Zeichen.

FRÜHLING DER SCHÖNHEIT

David in der Einsamkeit eines Gebets

Was willst du denn noch? WAS WILLST DU NOCH?

Gott!

Seit Tagen faste ich. Aber nein, das genügt dir nicht.

Ich schlafe auf dem Steinboden. Um mich zu martern. Aber nein, das genügt dir nicht.

Ich habe meine Kleider zerrissen. Aus Trauer und Gram. Und schau her: Ich zerreiße sie noch mehr. So! Und so! Aber auch das genügt dir nicht.

Natürlich nicht.

Also: Was soll ich noch machen?

Sag es mir!

Ich flehe dich an, Herr, lass ihn leben. Bitte! Dieser winzige Mensch, dieses kaum geborene Kind kann doch nichts dafür, dass sein Vater…ein Schwein ist?

Darum: Nimm die heimtückische Krankheit von meinem Sohn. Lass ihn nicht für meine Schuld büßen.

Deine…deine angebliche Vergebung…für mich, Herr… sie ist widerwärtig…ja: WIDERWÄRTIG…denn sie erweist sich…am Ende als Strafe: Jahwe hat weggetan deine Sünde, o König David. Du wirst nicht sterben." Das waren deine Worte, Herr.

Pah...

Ich habe wirklich geglaubt, du wärst ein gnädiger Gott... einer, der Gnade vor Recht ergehen lässt... einer, der den Neuanfang liebt... bis Nathan, mein Prophet... nein... dein Prophet diesen schrecklichen Nachsatz verkündete:

„Aber weil du, David, den Feinden Israels Anlass zum Lästern gegeben hast, wird der Sohn, der dir geboren ward, den Tod erleiden."

Welchen Sinn soll das, bitte schön, haben? Dass ein Unschuldiger für einen Schuldigen leidet?

Darum, verdammt noch mal: Nimm deine verfluchte Vergebung zurück!

Ich will sie nicht. Ich will nicht am Leben bleiben, wenn dafür mein Kind geopfert werden muss.

Nimm mich, bitte, nimm mich... nimm mich...

Hörst du mich, du grausamer, ungerechter Herr? Hörst du mir zu?

Ich verdiene eine gerechte Strafe. Ja, das stimmt. Aber: Mein Sohn... der verdient das Leben. Und wenn ich mit seinem Tod weiter da sein muss, dann ist das die härteste aller Strafen. Dann ist das, was du Vergebung nennst, in Wahrheit eine gehässige Verwünschung. Zorn. Lieblosigkeit. Nichts als verderbliche Tortur.

Gott, da liegt ein Kind im Sterben. Seit sechs Tagen.

Und du... du schaust zu. Nein, nicht nur das: Du sagst mir ernsthaft, dass dieses Kind nicht deshalb leidet, weil es nun einmal Leiden auf der Welt gibt, sondern weil du es willst.

Schämst du dich nicht?

Du...Mörder! Wer vergibt eigentlich dir die Schuld, die du auf dich lädst?

Ist doch wahr! Du lässt dieses Kind verrecken...an meiner Stelle. Was für ein Gott bist du?

Das jedenfalls ist nicht die Gerechtigkeit, nach der sich die Völker sehnen. Wie oft habe ich in meinen euphorischen Liedern von deiner Gerechtigkeit gesungen. Und jetzt, da ich sie am eigenen Leib erfahre, hasse ich sie.

Bitte...bitte...Gott...gib mir irgendein Zeichen. Lass Nathan die härtesten Strafen für mich verkünden...alles... alles bin ich bereit dir zu geben...nur: Lass mich den Preis meiner Dummheit zahlen. Mich selbst. Verschone diesen schwitzenden, jammernden Säugling, an dem kein Fehl ist. Er hat dir nichts getan. Er hat auch der Welt nichts getan.

Ich meine: Wie kannst du ein Leben so verschwenden? Du siehst in ihm ein stellvertretendes Opfer...ich dagegen...ich sehe in ihm deine Schöpfung, den Mann, der er werden könnte...ein großer König vielleicht...ein Friedensstifter...ein Wohltäter...das heißt: Mit ihm vernichtest du zugleich alles, was er jemals Gutes tun könnte.

Und nicht nur das, Herr. Du vernichtest mit ihm vermutlich auch eine ganze Familie. Was, wenn seine Nachkommen wie Sand am Meer wären, wie die Sterne am Himmel?

Dann ist es nicht nur dieses eine Kind, das du sterben lässt, es sind Dutzende, Hunderte, Tausende von Menschen...ein ganzes Volk. Ja, mit diesem Kind tötest du die Zukunft. Wie kannst du nur?

O Gott, vergib mir meine Worte. Aber wenn ich dich nicht

ergründen kann, wie soll ich dann angemessen mit dir reden? Ja, ich weiß, wie sehr ich mich versündigt habe. Und wenn es dir darum geht, dass ich in den fiebrigen Augen meines Sohnes noch einmal die Schwere meiner Schuld aufscheinen sehe, dann hast du dein Ziel erreicht.

Leben ist kostbar...und ich habe es vergeudet. Brutal vergeudet. Schande über mich. Diese Schande, die wie eine Wunde in meinem Herzen schwärt.

Ich habe aus reiner Wollust den Tod des Elite-Soldaten Uria in Kauf genommen. Nein, ich will nichts schönreden. Ich habe ihn nicht nur in Kauf genommen, ich habe ihn angeordnet. Denn wenn man einen bewährten Kämpfer in ein Himmelfahrtskommando schickt, dann hat man ihn im Herzen schon begraben.

Ja, ich wollte, dass er stirbt. So wie du jetzt willst, dass mein Kind stirbt.

Vielleicht sind wir uns ja ähnlicher, als du denkst, Herr.

Wenn ich es doch rückgängig machen könnte. Wenn ich Uria zurück ins Leben holen könnte. Ich würde es tun. Ja, ich würde es tun. Wenn ich wie du die Macht hätte, über Leben und Tod zu bestimmen, ich wäre jetzt gnädiger. Nachdem ich verstanden habe.

Sei du doch auch gnädig, Gott, und rette mein Kind.

Inzwischen ahne ich nämlich, was da mit mir passiert ist. Und mit Uria. Und mit Batseba.

An diesem lauen Frühlingsabend, an dem ich auf meine Terrasse trat und sie sah. Urplötzlich. Gegenüber. Auf dem Dach.

Betörend war sie. Geschmeidig. So sehr. Vor allem aber: Sie

wähnte sich unbeobachtet und wusch sich. Mit einer Zärtlichkeit, die ich so noch nie bei einer Frau gesehen habe. Mit behutsamen Bewegungen, die das ehrten, was sie berührten. Als wäre ihr Körper ein Heiligtum.

Haut blitzte auf. Nicht viel. Aber genug, um zu ahnen, was ich alles noch nicht zu sehen bekommen hatte. Sie legte den Kopf in den Nacken, und ihr an mehreren Stellen feuchtgewordenes Gewand formte ihren Körper nach, wie es kein Bildhauer könnte. Von der Stirn bis zu den Knien eine verlockende Gestalt, die erforscht werden wollte.

Und plötzlich – ich weiß selbst nicht warum – formte sich in mir der Gedanke: „Diese Frau ist der Frühling!"

Mehr noch: „Sie könnte mein Frühling werden."

Frühling, Gott.

Ein Frühling der Schönheit.

Ja, weil ich in jener Zeit seit Längerem ein Gefühl hatte, als wäre mein Herz in der Starre des Winters stecken geblieben. Festgefroren. Als hätten sich die bewegenden Zeiten des Aufbruchs und des Neubeginns einfach aus dem Kreislauf meiner Jahre verabschiedet. Ein für allemal. Schrecklich kalt war es in mir geworden – und geblieben.

Keine Blüte. Keine frische Brise mehr, die mich lockte. Kein knospendes Leben. Die Schönheit war verblasst, weil sie sich gegen die grelle Macht der Gewohnheit nicht mehr durchsetzen konnte. Im öden Gleichklang der Monate zog meine Zeit dahin. Und ich war ihr Gefangener.

So, wie ich im vergangenen Jahr König gewesen war, würde ich wohl auch im kommenden Jahr König sein. Und im darauffolgenden. Und im darauffolgenden. Und im darauffolgenden … bis zum bitteren Ende.

Herr, als ich mit ansehen durfte, wie diese erdfarbene Frau sich selbst zugewandt war, da begriff ich mit einem Mal, was mit mir geschehen war: Ich fühlte mich nicht mehr.

Alle Entscheidungen, die ich hatte fällen können, um mein Dasein zu formen und zu gestalten, waren längst gefällt. Wahrhaft alle. Ich meine: Welche Wahl hatte ich denn noch? Was erwartete mich? Wo konnte ich dem eingefahrenen Lauf meines Lebens noch einmal eine unerwartete Wende geben und das Vorhersehbare mit dem Unvorhersehbaren überwinden? Welche Macht konnte die Mauern der Rituale um mich zerstören? Damit der frische Atem des Lebens wieder in mir wehen würde. Noch einmal wenigstens, mit all seiner Macht.

„Sie ist der Frühling!" Die Worte hallten in mir wider.

Denn: Sie war es. Sie konnte die ewige Widerkehr des Gleichen in meinem Dasein beenden. Zumindest griff diese Vorstellung nach mir. Und hielt mich fest.

Sie. Sie. Sie.

Herr, als ich sie zu mir in den Palast bestellte, da begehrte ich nicht einfach Batseba, die Frau des Hetiters Uria, ich begehrte Freiheit. Und ihr Körper erschien mir wie der Schlüssel zu einem prächtigen Tor, das der Ausgang aus meiner selbstverschuldeten Müdigkeit werden sollte.

Ja, als sie dann bei mir lag, unter mir lag, da liebte ich in Wirklichkeit nicht diese Frau, da liebte ich meine betörende Hoffnung, durch sie wieder der zu werden, der ich sein wollte. Oder endlich.

Was für eine Verblendung.

War da Leidenschaft in unserem Liebesspiel? Nein. Höchstens Gier. Darum war es ja auch kein Spiel. Sondern bitterer Ernst. Wir spürten beide, dass mein hastiges Begehren nicht ihr galt, sondern mir selbst. Oder besser gesagt: dass es meiner tiefen Trostlosigkeit entsprang.

Ich habe sie in dieser Nacht nicht nur einmal geliebt, sondern noch ein zweites und sogar ein drittes Mal. Und mit jedem Versuch, mich mit ihrer Hilfe zurück ins Leben zu lieben, wuchs meine Verzweiflung. Da schlief ich mit einer wunderschönen Frau, aber es schenkte mir keinen Frieden. Weil es gar nicht in ihrer Macht stand, mir das zu geben, wonach es mich verlangte.

Gott, ich habe zwischen ihren Beinen nach Erlösung gesucht. Doch das war wohl nicht der richtige Ort.

Dann schickte sie mir ihre Magd. Zwei Wochen später. Mit einer Botschaft, die den Frieden in mir endgültig zerstörte: Sie erwarte ein Kind. Ein Kind des Irrtums. Ein Kind der Wehmut. Das Kind, das du jetzt dahingeben möchtest.

Tja, ich ... der ich so sehr nach einer Veränderung geschrien hatte, wurde plötzlich feige. Denn so hatte ich mir das mit der Veränderung nicht vorgestellt. Ich wollte doch weniger Sorgen, nicht mehr.

Und das Hauptproblem war, dass man gerade mir, dem König, dem von dir eingesetzten Herrscher, einen solchen offensichtlichen Ehebruch nicht verzeihen würde.

Zudem gehörte Uria, Batsebas Mann, zur Elite-Truppe der „Dreißig", war also einer der besten Soldaten meines Heeres. Uria – „Gott ist mein Licht". Und was das auch noch für ein frommer Kerl war. Viel heiliger als ich.

Du weißt, dass ich alles versucht habe, um ihm das Kind unauffällig unterzuschieben. Wirklich alles. Ja, ich ließ ihn unter einem fadenscheinigen Vorwand von der Front an den

Hof zurückbeordern, in der Hoffnung, dass er dann die Nacht mit seiner Frau verbringen und sich für den Erzeuger halten würde.

Ich meine: Ein echter Kerl, der gerade mehrere Wochen im Feld verbracht hat, der sehnt sich doch nach einer feurigen Umarmung seiner Gattin. Denke ich. Doch dieser merkwürdige Mensch legt sich bloß ins Quartier vor dem Palast. Ich fass es nicht.

Und als ich ihn am nächsten Tag beiläufig frage, ob es ihn denn nicht zu seiner hübschen Gattin gezogen hätte, da antwortet er ernsthaft: „Die heilige Bundeslade steht in einem Zelt, o David, und General Joab und die übrigen Kriegsleute schlafen unter freiem Himmel – soll ich da ernsthaft in mein Haus gehen, feiern und mich zu meinem Weib legen? Ich schwöre bei Gott und bei dir, meinem König: So etwas werde ich nie machen."

Ja, hallo! Hat man so einen absurden Prinzipienreiter schon mal gesehen? Das Dumme war: Weil ich seinen Argwohn nicht wecken wollte, konnte ich ihm ja nicht einfach befehlen, die Nacht mit Batseba zu verbringen.

Also lud ich ihn zum Abendessen ein. Mit gutem Wein. Mit viel süffigem Wein. Einen Humpen nach dem anderen ließ ich ihm bringen. Und erklärte ihm währenddessen mit sehr lasziven Umschreibungen, wie wichtig es sei, dass ein Krieger zwischen den Schlachten wieder neue Kräfte sammelt und es sich in den Armen seiner Gattin mal so richtig gut gehen lässt.

„Wenn du verstehst…"

Als er am Ende aus der Tür torkelte, war ich überzeugt, dass ich ihn diesmal überzeugt hatte.

Aber nein! Der Kerl geht wieder ins Zeltlager vor den Mauern. Legt sich zu seinen Kameraden. So ein sturer, blöder Hund.

Moment mal! Hattest du... hattest du da etwa deine Finger im Spiel, Herr? Hast du Urias Lust gezügelt? Wolltest du mich prüfen? Wolltest du sehen, wie weit ich in meiner Blindheit gehen würde? Vermutlich. Denn kein echter Mann würde von alleine auf die Freuden der Lenden verzichten, wenn sein König, sein oberster Herr, ihm das auch noch nahelegt.

Ich wusste in meiner Not nicht weiter. Was hätte ich denn machen sollen? Ja, ich hätte nicht mit Batseba schlafen sollen. Das ist schon klar. Aber nun war das Kind bereits in den Brunnen gefallen – welch treffendes Bild – und wir mussten eine Lösung finden.

Eine LÖSUNG.

Verstehst du? Ich habe nicht mehr die Menschen gesehen, sondern nur noch den Zwang, eine Lösung zu finden.

Nebenbei: Genau so scheinst ja auch du meinen Sohn nicht mehr als einen Menschen zu sehen, sondern nur noch als die Lösung eines Problems. Sonst würdest du ihn niemals so verderben.

Gott, bitte mach nicht die gleichen Fehler wie ich.

Ja, ich habe auch versucht, eine Schuld durch den Tod eines anderen auszugleichen. Aber das funktioniert nicht. Dadurch entsteht nur noch mehr Sünde.

Ich weiß natürlich, dass ich diesen unseligen Brief niemals hätte schreiben dürfen. Aber es war der elende Zwang in mir, der ihn diktierte, Wort für Wort: „Bringt Uria an die Stelle des stärksten Kampfes und wendet euch hinter ihm weg, damit er erschlagen wird und stirbt."

Als Krönung meines infamen Plans ließ ich Uria sein Todesurteil auch noch selbst zu General Joab bringen. Ich wusste, dass ein so genauer und treuer Mann es niemals wagen würde, die Schriftrolle zu öffnen. Was er natürlich auch nicht tat. Oder wenn, dann gehorchte er trotzdem.

Sprich: Alles lief wie erwartet. Uria wurde den stärksten Recken der Ammoniter gegenübergestellt. Die machten einen Ausfall. Und mein Problem war erledigt.

Ich heiratete Batseba, nachdem ihre Trauerzeit vorüber war – und unser Kind kam tatsächlich als unser Kind auf die Welt. Ein Soldat war dafür im Krieg gestorben. Na und? Das wäre er ja ohnehin, früher oder später.

Man kann sich so viel einreden, wenn das eigene Gewissen besänftigt werden muss. So viele Lügen. So viel Unrecht. Das Beschämende war nur: Ich habe mir geglaubt. Mehr als dir, Herr.

Darum war ich auch so überrascht, als eines Tages der Prophet Nathan zu mir kam, und erklärte, er müsse mir eine kleine Geschichte erzählen.

Von dem armen Mann, der nur ein einziges Schaf besaß. Ach je. Ein Schaf, das er so sehr liebte, dass es bei ihm im Schoß schlief, dass es jeden Tag mit den Kindern spielte, mit der Familie aß und sogar aus dem Becherchen des Mannes trinken durfte. Mehr eine Tochter als ein Tier.

Ich weiß noch, wie ich dachte: „Was bringt der hier solche rührseligen Fabeln an?"

Doch Nathan sprach ganz ruhig weiter: „Nun, in dem Ort lebte auch ein reicher Mann, der riesige Herden besaß. Und als dieser Reiche Besuch von einem Gast erhielt, da beschloss er, nicht eines seiner zahlreichen Schafe für das Festmahl zu schlachten – sondern das eine kleine Schaf des armen Mannes. Was sagst du als König dazu?"

Da sprang ich auf. Zutiefst empört. Ungehalten. Ergrimmt. Ja, fast schon erbost.

Ich rief laut: „Los, sag mir, wer dieses Schwein ist. Der Mann wird hingerichtet. Dafür sorge ich persönlich. Und vorher soll er dem Armen den Schaden vierfach ersetzen. So etwas dulde ich nicht in meinem Land. Das sage ich im Namen Gottes."

Da huschte ein zufriedenes Lächeln über Nathans Gesicht. Aber vielleicht habe ich mir das auch nur eingebildet.

Denn sein nächster Satz fällte mich. Ließ mich einfach einstürzen.

Ganz leise murmelte er: „Du bist der Mann!"

Das anschließende Schweigen hätte man greifen können, so dicht und schwer lag es im Raum.

„Ich?"

Noch einmal.

„Ich?"

Dabei begriff ich sofort, was er meinte: Ich – mit meinem Harem – war der Reiche gewesen, der das Leben des Armen Uria mit seiner einen Frau zerstört hatte. Ich hatte das Böse getan. Niemand sonst.

Mit einem Satz zerbrach der Palast aus Lügen, in dem ich mich so wohlig eingerichtet hatte. Nackt und elend stand ich da. Entlarvt.

Und dann offenbartest du, Herr, mir auch noch den ganzen Abgrund meiner Schuld: „Gott spricht: Ich habe dich gerettet aus der Hand Sauls und dich zum König über Israel gesalbt. Ich habe dir alles gegeben und die Frauen in deinen Schoß.

Und wenn etwas gefehlt hätte, hätte ich hinzugefügt dies und das."

Ja, Herr, ich hatte das schon kapiert. Dass du die wahre Quelle meiner Seligkeit sein möchtest. Darum habe ich ja versucht, dir zu erklären, wodurch mir der Blick auf die Schönheit in meinem Leben verstellt worden war. Wodurch ich ihn mir selbst verstellt hatte. Das Schöne, das ich besaß, erschien mir nicht mehr schön. Und so glaubte ich in einem schwachen Moment, ich könnte einen Frühling der Schönheit mit Batseba herbeirufen.

Heute weiß ich: Wer verlernt hat, die Schönheit seines Lebens wahrzunehmen, der findet sie auch nicht, wenn er das Leben verändert.

Ja, ich erkannte es schon in dem Augenblick, in dem ich auf die Knie fiel und ächzte: „Ich habe gesündigt gegen den Herrn." Denn du bist es, der uns die Schönheit schenkt. Und wenn einer wie ich die Schönheit der Welt nicht mehr sieht, dann sieht er dich nicht mehr.

Herr, dann sieht er dich nicht mehr…

Ich habe gesündigt, mein Gott. Schwer. Und ich bin bereit, dafür zu büßen. Wenn es sein muss, mit meiner ganzen Existenz.

Hörst du, dass ist eine Sache zwischen dir und mir. Lass meinen Sohn da raus. Er kann nichts für die Blindheit seines Vaters. Nichts. Überhaupt nichts.

Versündige dich nicht an diesem Kind.

Außerdem würde ich eines gerne noch wissen. Du hast doch großspurig verkünden lassen: „Der Herr hat deine Schuld hinweggenommen." Schön wär's.

Denn das stimmt ja gar nicht. Du willst sie nicht wegnehmen, du willst sie meinem Sohn aufladen. Das hat demnach mit Gnade überhaupt nichts zu tun. Vergebung, die bezahlt werden muss, ist keine Vergebung – sondern einfach ein Kuhhandel.

Mehr hast du nicht anzubieten als einen Kuhhandel?

Den brauche ich nicht.

DEN BRAUCHE ICH NICHT.

Rette mein Kind!

Was ist? Meine Ältesten? Was soll das?... Ich wollte nicht gestört werden. Warum schweigt ihr? Warum tuschelt ihr miteinander vor eurem König?

Ist der Junge tot?

O, mein Gott...

O nein...

Wartet. Bringt mir frische Kleider. Edle Kleider. Und eine Waschschüssel. Ach ja, und Salben. Feine Salben. Ich möchte wohlriechend in den Tempel gehen, um Gott anzubeten. Und wenn ich zurückkomme, brauche ich dringend etwas Gutes zu essen. Ich habe einen Bärenhunger.

Warum?

Warum ich das tue?

Das will ich euch sagen: „Als das Kind noch lebte, habe ich gefastet und geweint, weil ich mir dachte: Wer weiß, vielleicht ist Jahwe mir gnädig und das Kind bleibt leben. Jetzt ist es tot, wozu soll ich da noch fasten? Kann ich es wieder zurückbringen? Nein. Eines Tages werde ich zu ihm gehen, aber es kommt niemals mehr zu mir.

Jetzt muss ich vor allem eines: die Schönheit des Lebens

wieder finden… habe ich denn mehr als die Wahl zwischen Verbittern und Anbeten? Nun, verbittern will ich nicht. Also gebe ich mich neu dem Leben hin."

VERBRANNTES
HERZ Elia nach dem Aufwachen

„Steh auf und iss!"

Mach ich ja.

Also: aufstehen.

Gleich.

Jetzt esse ich erst mal.

Schmeckt übrigens gut. Geröstetes Brot. Und Wasser.

Hab lange nichts mehr in den Magen gekriegt.

Du warst schon mal da – stimmt's? Oder habe ich das nur geträumt?

Nein…nein, ich habe dich schon gesehen. Ganz sicher. Da hast du nämlich auch gesagt: „Steh auf und iss!" Mit deiner dunklen, kehligen Stimme: „Steh auf und iss!"

Wann war das? Gestern? Vorgestern? Vor einer Woche? Keine Ahnung.

Ich habe völlig den Überblick verloren, wie lange ich schon unter diesem Wacholderbusch hier liege. Oder ist das Ginster? Egal. Ich war so müde und habe einfach nur geschlafen.

Sag mal: Wer bist du eigentlich? Und: Was bist du? Ein Engel?…Oder vielleicht ein Spion Isebels? Ein Häscher?

Vor allem aber: Was ist das für ein erstaunliches Brot? Ja,

bei jedem Bissen hat man das Gefühl, als kehrten die Lebens-
geister in einen zurück. Und dieses Wasser. Wie ein Quell des
Trostes in trauriger Zeit.

Du hast mich gerettet, weißt du das?

Natürlich weißt du das! Sonst wärst du nicht hier.

Tja…nur bin ich mir gar nicht sicher, ob ich das überhaupt
möchte. Ob das wahrhaftig ein Segen ist. Dieses Gerettet-
Werden. Weißt du: Nicht jede Rettung bringt Heil.

Denn: Ich will gar nicht mehr leben…ich habe genug…

Meine große Frage lautet: Wozu!

Ja, wozu sollte ich noch leben wollen?

Wozu?

Über kurz oder lang werden mich die Soldaten der Königin ohnehin fassen…und hinrichten. Isebel ist hart und
grausam. Da sterbe ich doch lieber allein hier in der Wüste
– in der Nähe von Beerscheba, beim verehrten „Brunnen des
Schwurs", den Abraham seinem Gott einst leistete. Diesem
wankelmütigen, dunklen Herrn der Seelen.

„Morgen um diese Zeit wird deine Seele tot sein." Das hat
sie mir ausrichten lassen. Isebel. Durch ihren Boten. Und
ich kann gewiss nicht gegen die gesamte Streitmacht König
Ahabs, ihres Mannes, antreten. Und ich will auch nicht.

Ich will überhaupt nicht mehr kämpfen. Ich kämpfe schon
so lange. Irgendwann reicht es.

Ein kluger Mann fühlt, wann er verloren hat. Also bin ich
weggerannt. Nicht nur vor ihr. Vor der Königin. Auch vor mir.

Guck nicht so komisch. Ja, ich habe aufgegeben. Mich. Na
und? Ich habe mich aufgegeben, weil da nichts mehr übrig ist,
auf das ich hoffen könnte. Denn: Diese ewige Angst, nicht zu
genügen, raubt mir den Verstand. Seit so vielen Jahren.

Kämpfen. Kämpfen. Kämpfen.

Ich kann nicht mehr.

Was ist das für eine Welt, in der man andauernd kämpfen muss? In der man nie zur Ruhe kommen darf? Weil jeder Sieg nur der Auftakt einer neuen Schlacht ist? Weil jeder Erfolg den nächsten schier unüberwindlichen Gegner auf den Plan ruft?

Dabei rede ich nicht allein von bewaffneten Feinden. O nein! Irgendwo sitzt da ein Feind in mir. Und zwar der übelste. Der Feind schlechthin. Einer, der mir andauernd gehässig einflüstert: „Wenn du diese Aufgabe gemeistert hast, dann musst du sofort die nächst schwierigere Aufgabe angehen. Du musst noch erfolgreicher werden. Und zwar stetig. Du darfst nie zufrieden sein. Weil dich sonst keiner mehr achtet. Nur Feiglinge."

ICH WILL ABER ENDLICH MAL GENUG HABEN.

Frieden finden dürfen.

ANKOMMEN.

Ich kann nicht noch mehr leisten. Noch größere Herausforderungen annehmen. Da ist keine Energie mehr übrig. Nichts. Nur noch Leere. Traurigkeit und Furcht.

Es könnte übrigens sein, dass da dein köstliches Röstbrot daran auch nicht viel ändert. Obwohl es wirklich Kraft gibt.

Aber es ist ja gar nicht mein Körper, der müde ist...es ist mein Herz. Mein wundgeriebenes Herz. Mein wundgekämpftes Herz. Mein wundgeliebtes Herz.

Ja, mein Herz ist müde, todmüde.

Weißt du, irgendwann dachte ich nur noch: Ich schaffe es ja eh nicht, satt zu werden. Niemals. Vielleicht ist es da sinnvoller, sich von dieser Welt zu verabschieden. Mich einfach in der Wüste hinzulegen und die Herausforderungen hinter mir zu lassen. Weit hinter mir. Ganz weit. Ganz ganz weit weg…

Darum habe ich gefleht: „Gott, es ist genug. Nimm nun, Herr, meine Seele."

Und was macht er? Dieser Nicht-Erbarmer? Schickt dich. Nehme ich jedenfalls an.

Aber ich will dich nicht. Hörst du: Ich will dich nicht.

Weißt du was: Verschwinde! Wer immer du auch bist. Mach dich ab. Ich will dich nicht sehen. Ja! Los! Weg mit dir! Ich kann deine milde lächelnde Fresse einfach nicht mehr ertragen.

Sag mal… bist du taub? Ich habe gesagt: Du sollst abschwirren. Wenn ich unter diesem Busch sterben möchte, dann ist das meine Sache, meine freie Entscheidung.

Hier, du kannst dein blödes Brot behalten. Friss es doch selber! Nicht mal ein Stück Fleisch hast du dabei. Nur Röstbrot. Echter Feinschmecker, nicht wahr?

Wie kann man nur so stumm da rumstehen? Sag was? Oder mach was? Aber hör auf, mich so anzuglotzen.

HÖR AUF!

„Steh auf und iss!" Hast du noch was anderes drauf? Na, offensichtlich nicht.

Aha. Du willst also bleiben. Na bitte. Dann bleib! Ist eh bedeutungslos. Für mich jedenfalls.

Ich werde dann… dann… dann werde ich eben aufhören zu essen und zu trinken. Und du kannst dabei zuschauen, wie ich traurig dahinsieche, bis ich endlich Frieden finde.

Wie lange überlebt man in der Wüste ohne Wasser? Einen Tag? Zwei?

Ich werde womöglich drei schaffen. Ich bin ja inzwischen gewohnt, ohne Wasser auszukommen. Die herzzerreißende Trockenzeit, die so viele Jahre unser Land ausdörrte, zerriss und in eine Steppe des Sterbens verwandelte, hat uns alle genügsam gemacht.

Diese grausame Dürre. Und ich... ich war auch noch daran schuld, dass Mensch und Tier darbten. Dass sie verendeten. Zumindest indirekt.

Ja, als Gott mich damals zu König Ahab schickte, war schließlich genau das meine Botschaft, mein prophetischer Auftrag: „So wahr der Herr, der Gott Israels, lebt: Es sollen von nun an weder Tau noch Regen kommen – es sei denn, ich lasse es zu."

Damals hat Ahab noch gelacht. Natürlich. Er hatte ja wie all die anderen Israeliten angefangen, an Baal zu glauben. „O Baal, erhöre uns!"

Baal, der Wettergott. Der Erzeuger des Regens und der Fruchtbarkeit. Der Herr der Vegetation. Der Lenker der Flüssigkeiten. Kein Wunder, dass Jahwe ausgerechnet dem Regen Einhalt gebot.

Nur: Als dann das Wasser tatsächlich versiegte, im Himmel und auf der Erde, Woche für Woche, da wurde König Ahab leider nicht einsichtig. Im Gegenteil. Seine Frau Isebel bekämpfte die Propheten Jahwes nur umso heftiger, weil dieser es gewagt hatte, ihren hässlichen Regenmacher herauszufordern. Ausrotten wollte sie uns, die wir noch am Gott Israels festhielten.

Die meiste Zeit habe ich damit verbracht, Verstecke zu organisieren, Höhlen oder abgelegene Täler, in denen unsere Priester sich verbergen konnten. Mit Hilfe Obadjas. Hier fünfzig

Leute und da fünfzig. Weil Isebel jeden Geistlichen, den sie fand, sofort vernichten ließ. Die Frau ist wirklich von Sinnen.

Glaube mir. Ich habe die misshandelten Leichen gesehen. Wundere dich also nicht, dass ich Angst habe. Grausame Angst.

Ich hatte übrigens auch Angst, als Gott mich plötzlich beauftragte, mich mit Ahab zu treffen... aber wer hat schon den Mut, Gott zu sagen, dass er seine undankbaren Aufgaben gefälligst selbst erledigen soll?

Nun, der König war zum Glück eher verzweifelt als aggressiv. Sein Land vertrocknete. Und damit auch sein Hochmut. Trotzdem sagte er bei unserer Begegnung als Erstes: „Elia, du Unglücksbringer!"

Als hätte ich persönlich den Regen aufgehalten. Das fing ja gut an.

Ich atmete einmal tief ein. Dann erwiderte ich harsch: „Nicht ich stürze Israel ins Verderben, sondern du und deine Familie, weil ihr die Gebote Jahwes vergessen habt und jetzt Baal hinterherrennt."

Ich sah ihm an, dass er erregt mit mir diskutieren wollte, doch Gott ließ mich ihn unterbrechen und sagen: „Pass auf! Bring die vierhundertfünfzig Baals-Priester, die du ins Land geholt hast, auf den Karmel, den alten Sitz der Gottheiten, den Baumgarten, den Gipfel der Heiligkeit. Dort können wir die Sache klären. Ein für alle Mal."

Und siehe da: Anscheinend war der Durst des Landes in diesem Moment schon so groß, dass der König der Aufforderung sofort nachkam.

Nur wenige Tage später standen wir auf der stolzen Erhebung. Die riesige Schar der Baalsdiener – und ich.

Ich forderte das Wort und sprach zu den Hunderten von Schaulustigen, die sich um uns herum versammelt hatten: „Wie lange wollt ihr noch auf beiden Seiten hinken? Es kann nur einen Herrn dieser Welt geben. Also entscheidet euch: Wenn Jahwe, der Gott Abrahams und Jakobs, dieser Herr ist, dann wandelt ihm nach, ist es aber Baal, dann werdet seine Anhänger. Ganz! Denn man kann nicht zwei Herren dienen. Diese Halbherzigkeit beleidigt jeden Gott."

Sie schauten mich mit stumpfen Augen an. Feige. Verdattert. Erbost. Schauten zwischen mir und der vor Selbstbewusstsein strotzenden Schar der Baals-Priester hin und her. Her und hin. Hin und her.

Also rief ich: „Seht her! Ich bin der letzte Prophet Jahwes – und dort stehen vierhundertfünfzig Propheten Baals. Wisst ihr was: Lasst uns gegeneinander antreten! Ein Wettstreit der Himmel. Ja, gebt uns zwei junge Stiere, dann mögen die stolzen Baalsmänner wählen, welchen der beiden sie nehmen möchten, und anschließend bereiten wir jeweils ein großes Festopfer für unsere verehrten Götter vor.

Aber...ABER...und jetzt passt gut auf...wir legen kein Feuer. Hört ihr? Kein Feuer. Das soll die Prüfung sein. Beide Seiten rufen zu ihrem Gott...und der Gott, der mit Feuer vom Himmel antwortet, der ist wahrhaftig der wahre Gott. Einverstanden?

Wie könntet ihr nicht? Ich meine: Euer Baal ist als Herr des Wetters doch auch der Vater der Blitze und der Flammen. Feuer ist angeblich seine höchste Kunst. So lasst uns miteinander sehen, ob es ihn gibt – oder ob er nichts ist als eine verglühende Einbildung. Ein Wunschtraum. Eine fruchtbare Sehnsucht, die in einem unfruchtbaren Trugbild endete.

Und da ihr so viele seid, ihr Baalsmänner, lasse ich euch gerne den Vortritt."

Es war großartig. Ein Anblick für die Götter. Wenn ich das mal so sagen darf. Zumindest einer für Jahwe. Denn die Priester Baals beteten drei Stunden lang laut und inbrünstig um den Altar, den sie errichtet hatten.

„Baal, erhöre uns! Baal, erhöre uns! Baal, erhöre uns!"

Ein wilder Hilferuf.

Und?

Nichts! Keine Stimme. Keine Antwort. Und erst recht kein Feuer.

Gegen Mittag wurde ich ungeduldig. Und auch ein wenig gehässig. Hämisch schrie ich über den Platz, damit alle Zuschauer es hörten: „Na, was ist jetzt? Wo ist euer Baal? Macht er etwa Urlaub? Hat er womöglich Wichtigeres zu tun? Oder schläft er, weil er sich für euch nicht interessiert? Ihr solltet ein wenig lauter schreien, damit er endlich aufwacht. Ich finde nämlich: Ein wenig beeilen könnte er sich schon. Oder wollt ihr aufgeben und eure Niederlage eingestehen?"

Boah…da fingen sie vielleicht an zu toben. Einige begannen zu tanzen. Ekstatisch. Mit verdrehten Augen und schlackernden Gliedern. Sie warfen ihre Köpfe herum, als wollten sie diese von ihren Körpern trennen. Andere fingen an, sich selbst zu verletzen, mit Messern und Spießen, bis sie wie lebende Tote aussahen, auferstandene Opfer ihres Irrglaubens.

Ich ließ sie gewähren. Doch dann, es war inzwischen die Stunde der Speiseopfer, rief ich die enttäuschten Menschen herüber auf meine Seite. Und…sie strömten. Wurden neugierig, was ich denn wohl zu bieten hatte.

Nun, ich ließ mir Zeit. In aller Ruhe baute ich den Altar

Gottes wieder auf, aus zwölf Steinen, die für die zwölf Söhne Jakobs, die zwölf Stämme Israels, stehen sollten. Dann hob ich einen ansehnlichen Graben um den Alter aus, so breit, wie man für zwei Kornmaß Aussaat braucht.

Aber damit nicht genug. Nachdem ich das Holz zugerichtet und den Stier zerkleinert hatte, hob ich die Hände und wartete, bis es mucksmäuschenstill um mich herum geworden war. Vorsichtig ließ ich den Wind mein Flüstern von Ohr zu Ohr tragen: „Holt Wasser! Viele Wasser. Dreimal vier Krüge voll Wasser. Und dann gießt es über das Holz und das Brandopfer."

Wie das triefte. Wie das floss. Bis nicht nur alles durchnässt, sondern auch der Graben um die Opferstätte gefüllt war. Jede und jeder sah, dass diese Aufgabe, das Entflammen eines triefenden Opfers, nur eines Gottes würdig war, der wahrhaft Herr der Elemente ist.

Ich stellte mich auf eine kleine Anhöhe, hob die Arme empor – auch wenn das sicher nicht nötig gewesen wäre – und ließ meine Stimme weit über den Gipfel schallen: „Erhöre mich, Jahwe, erhöre mich, damit die Menschen endlich wieder erkennen, dass du der Herr bist – und damit sie ihr Herz wieder zu dir kehren."

Meine Worte waren noch nicht verklungen, als schon ein Blitz herniederfuhr. So gewaltig, dass er alles verzehrte: das Brandopfer, das Holz, die Steine, die Erde und das Wasser. Es sah aus, als leckten die Feuerflammen den gesamten Altar vom Boden weg.

Auf das Brausen folgte Stille.

Atemlose Stille.

Auf die Stille folgte Jubel.

Lauter Jubel.

Überall fielen die Menschen auf ihr Angesicht und sangen, brüllten, kreischten – mit einer Mischung aus Ehrfurcht und Entsetzen: „Jahwe allein ist Gott. Jahwe allein ist Gott."

Und dann...

Dann ließ ich die Propheten Baals ergreifen...

...und töten.

O Gott...

So viel Blut. So viel Hass. So viel Elend.

Als sie gemeuchelt am Ufer des naheliegenden Baches Kischon lagen, all die Männer, all die zerstörten Leben...da durchzuckte mich ein Gedanke...der eine vernichtende Gedanke, der mich seither nicht mehr loslässt und der mich kurz darauf in die Wüste trieb: „Ich bin nicht besser als Isebel. Nicht ein bisschen. Sie tötet die Propheten Jahwes. Ich töte die Propheten Baals. Wir beide werden im Auftrag unserer Götter zu skrupellosen Mördern."

Und als die Königin mir wenig später ausrichten ließ, dass ich nun auf ihrer Todesliste ganz oben stehe, da wurde ich gewahr, dass sich nichts geändert hatte. Überhaupt nichts. Vierhundertfünfzig Menschen waren gestorben. Ohne jeden Sinn. Nichts würde deshalb heil werden. Nichts. All der Kampf... all die Toten...umsonst. Die Königin würde weiterhin ihren düsteren Baals-Kult fördern, wo es nur ging.

Ja, nicht einmal die Tatsache, dass es kurz nach dem Wettstreit auf dem Karmel angefangen hatte zu regnen, würde irgendetwas ändern. Wir wissen doch, wie es ist: Das Volk rennt über kurz oder lang wieder denjenigen hinterher, die ihnen die schöneren Versprechungen machen. Ist der Durst erst gestillt, verliert die Quelle schnell an Interesse.

Warum erzähle ich das alles?

Keine Ahnung.

Hat doch eh keinen Sinn.

Ich weiß nur eines: Ich möchte kein Handlanger des Todes mehr sein.

Falls du wirklich ein Bote Gottes bist, wie ich vermute, dann kannst du ihm gern etwas ausrichten: Er soll sich für seine abstrusen Vorhaben in Zukunft gefälligst jemand anderen suchen. Ich will nicht mehr morden.

Ich will gerne heilen. Aber nicht mehr töten.

Schon gar nicht so sinnlos.

„Steh auf!"

Ist das alles, was du zu sagen hast?

Pass auf: Wenn ich jetzt aufstehe, dann nur, um das Brot aufzuheben, das ich vorhin im Zorn weggeschleudert habe.

So, bitte, jetzt stehe ich. Und nun?

„Steh auf"?

ICH STEH DOCH.

Oder meinst du: Wer steht, der soll auch gehen?

Brot für den Leib. Hoffnung für die Seele.

Welche Hoffnung könnte das sein, die mich dazu brächte, noch einmal loszugehen?

Die Hoffnung, dass Gott doch nicht den Tod, sondern das Leben will?

Wenn ich nur glauben könnte, dass da noch etwas auf mich wartet.

Na gut. Immerhin hat Gott dich geschickt. Bist du so was wie ein Zeichen? Ein Hinweis?

Also gut…

Eine Chance gebe ich Gott noch. Die letzte. Wenn er wieder mit Sturm oder Feuersbrunst die Welt verderben will, dann...dann ohne mich.

Sag ihm das!

Ja, ich geh ja schon...